NOVA ZEMLA
NSKOY MORE
SAMOIEDA
Tingoesi
obdora
SIBIRIA.
Toboll metropolis Siberie
Iugoria
Condora.
Pega orda.
Permia.
Wiatka.
TARTARIÆ
Curtus
Ceremissi logovi sic dicti a fœnorum struibus
CAZAN.
Casan
Bulgar
Ceremissi Nagorni, sic dicti, quod montana incolant. Czeremisi commune est Tartarorum Regni Casani nomen
MORDWA.
Wolga olim Rha flu.
Wirst seu Milliaria Russica quorum 87 uni gradui respondent
ARCHANGELSKAGORODA
Milliaria Germanica quorum 15 uni gradui respondent
PARS.
BOCHAR.
TURCMEN.
CALMUCKI.
IURMEN.
PERECOPENSIS.
Tanais, nunc Don flu. terminus inter Europam et Asiam
ASTRACAN
Astracan
Samara flu.
Saratoff
CARATANSCA ORDO
CIRCASSI.
MARE CASPIUM, quod Russi vocant GUALENTSCHA MORE
Derbent
Baca
GILAN REGIO.
Gilan
PERSIÆ CONFINIA.
ZIRPHANSCKA REGIO.
Schamacsi
Iveria sive Grusinæ Imperium
ARMENIA
Sonscha regio
Cirkassi hic habitant
Terca flu.
Tumenseko
Aspachan

Hans Baumann

Demetrius und die falschen Zaren

Hans Baumann

Demetrius

und die falschen Zaren

Verlag Freies Geistesleben

CIP-Kurztitelaufnahme der Deutschen Bibliothek

Baumann, Hans:

Demetrius und die falschen Zaren/Hans Baumann, –
2. Auflage – Stuttgart: Verlag Freies Geistesleben, 1984.
1. Auflage im Ehrenwirth-Verlag, München
1. Auflage u.d.T.: Baumann, Hans: Dimitri und die falschen Zaren
ISBN 3-7725-0822-7

2. Auflage 1984

Druck: Offizin Chr. Scheufele, Stuttgart

Erster Teil

Dimitri verschwindet und taucht wieder auf

Je mehr Zaren, desto größer die Zeche, die das Volk zu bezahlen hat, so sagen die Russen. In den dreiundzwanzig Jahren, von denen hier berichtet wird, lösten fünf Zaren einander ab. Im September 1583 war Iwan der Schreckliche noch Herr im Kreml – im Juni 1606 hatte Schuiski bereits die Macht an sich gerissen. Auf Iwan war sein Sohn Fjodor gefolgt, auf Fjodor Boris Godunow, auf Godunow Dimitri, auch Demetrius genannt, der nach seinem Sturz der falsche Zar hieß. Sobald Wassili Schuiski zum Zaren gewählt war, hatte er überall verbreiten lassen, Dimitri sei nicht ein Sohn Iwans gewesen, sondern ein Betrüger. Alle Anhänger Dimitris wurden für vogelfrei erklärt. In ganz Rußland suchten Schuiskis Spürhunde nach ihnen. Sämtliche Zeugnisse über die Herkunft Dimitris, sein geheimnisvolles Verschwinden und Wiederauftauchen wurden aus der Welt geschafft. Selbst aus den Archiven in Krakau und Rom wurden jene Dokumente entwendet, die ein Licht auf seinen ›Weg im Verborgenen‹ werfen konnten.

»Dieser Mensch hat einem andern den Namen gestohlen und die Russen gewissenlos irregeführt«, behauptete Schuiski. Das Volk aber hielt Schuiski für einen Lügner.

Die Zeit der Wirren, die mit dem Aufstieg Godunows angefangen hatte, war mit der Machtergreifung durch Schuiski nicht zu Ende. »Der Bär hat sich auf die andere Seite gedreht«, so hieß es allgemein.

Immer wieder stand ein Dimitri auf. In ganz Rußland wurde von Dimitri geredet, in allen Häusern, sogar auf offener Straße.

»Er soll in Astrachan aufgetaucht sein.«

»Am Don, so hört man, und er zieht mit mehr als zwanzigtausend Kosaken gegen Moskau.«

Jahrelang wurde Moskau von Truppen belagert, an deren Spitze

ein Dimitri stand. Solange Schuiski Zar war, mußte er befürchten, daß ein falscher Dimitri ihn vom Thron stoßen könnte. Er wagte sich nicht mehr aus dem Kreml und wurde zu einem ›Zaren im Käfig‹, bis die Polen ihn zu ihrem Gefangenen machten.
Aber das gehört nicht mehr in unser Buch. In ihm geht es um jenen Dimitri, der als Sieger über Boris Godunow in Moskau einzog, begrüßt vom Volk. Er war ein junger Zar, der anders zu regieren versuchte als alle Zaren vor ihm – Grund genug, seine Geschichte zu erzählen.

I

Ein Zarensohn, der nicht in Betracht kommt

Am 19. September 1583 wurde dem Zaren Iwan ein Sohn geboren, den der Metropolit von Moskau auf den Namen Dimitri taufte. Für gewöhnlich war die Geburt eines Zarensohnes ein Anlaß zur Freude für ganz Rußland. Dann wurden Gefangene freigegeben und die Armen bewirtet, auf allen Plätzen wurde gefeiert, gesungen und getanzt. Nichts von alldem geschah, als Dimitri auf die Welt kam. Im Kreml gab es bei den Hochgestellten Gerede, bei den Wachen und der Dienerschaft Geflüster. Das Volk erfuhr nichts. Es blieb ausgeschlossen, weil der Zar es so wollte. Er war der Zarin Marja überdrüssig.
Marja war Iwans fünfte Frau. Dimitri zählte nicht, da ein Sohn aus erster Ehe lebte. Er hieß Fjodor. Ihn hatte Iwan zum Nachfolger bestimmt. Dimitri wurde mit einem Landsitz abgefunden, einem unscheinbaren Winkel im riesigen Reich.

Sie erhielten keine Antwort. Wer aus dem Volk hätte es wagen können, über einen Zaren zu richten! Am Zaren gemessen waren alle andern nichts. In den Kirchen sagten die Popen dem Volk: »Die Zaren sind von Gott über uns gesetzt. Daher gebührt es keinem, ein Urteil über sie zu fällen, selbst wenn sie manches tun, was den Gewöhnlichen nicht gestattet werden kann. Für die Herrscher gilt ein eigenes Maß. Es ist verwerflich, ihnen Schlimmes nachzusagen. Hingegen verdient jeder ein Lob, der die Schwächen des Zaren mit Schweigen bedeckt.«

Die einfachen Leute hielten sich daran. Bei den Hochgestellten aber wurde nun, da der Zar Iwan tot war, ohne Schonung über ihn geredet.

»Nun ist er in der Hölle, wo er hingehört«, sagte die alte Fürstin Basmanow, deren Mann und Sohn der Zar getötet hatte. »So solltest du nicht vom Zaren reden!« sagte ihre Tochter. Da begehrte die alte Fürstin auf: »Er *war* ein Zar, nun ist er ein Toter. In allen Kirchen, auf allen Straßen und Plätzen sollte man verkünden, wie dieser Schreckliche mit Menschen umging. Hat nicht Rußland vor ihm gezittert? Ließ er nicht Hunderttausende, die noch hätten leben können, zu den Toten gehen? Unter den Brükken froren die Flüsse nicht mehr zu, weil er so viele Menschen dort ertränken ließ, daß die Flüsse störrisch wurden und nicht mehr aufhörten, die Namen der Umgebrachten zu murmeln. Ehrenwerte Männer ließ er töten ohne jedes Verhör und Gericht, nur weil Kreaturen, die hochkommen wollten, sie verdächtigt hatten. Andere tilgte dieser Zar ohne jeden Verdacht aus. Wurde nicht auf seinen Befehl ein Elefant, der nicht vor ihm knien wollte, gevierteilt? Ließ er nicht Glocken, die ihn störten, die Zungen ausreißen? Und wenn ihm an einem Bojaren etwas mißfiel – hatte nicht der Bojar samt Verwandten zu sterben, das ganze Gesinde, das Vieh in den Ställen, die Fische im Fischteich? Zar Iwan war ein tausendfacher Mörder. Wir sollten beten, daß nie wieder so einer über uns gesetzt wird!«

In den Häusern fast aller Bojaren wurde so gesprochen – oder so gedacht. Die Bojaren hatte dieser Zar mit grenzenlosem Maß verfolgt. Er hatte sich an ihnen gerächt. Sie, die Mächtigen, hatten ihn gedemütigt, solange er sich noch nicht hatte wehren können. Sie hatten ihm eine Hölle bereitet und ihn acht Jahre lang darin gehalten. In dieser Hölle war Iwan zu einem Menschen geworden, der zu allem fähig war.

3

Wie Iwan zum schrecklichen Zaren wurde

Iwan wurde wie Dimitri im Kreml geboren, wie alle Zarensöhne. Iwans Vater war Wassili, ein mächtiger Zar. Die übrigen Großen des Landes mußten mit der Stirn den Boden berühren, ehe sie den Blick zu ihm erheben durften. Keiner wagte ihm zu widersprechen. Die Wünsche wurden ihm von den Augen abgelesen. Wer zu ihm kam, der brachte Geschenke mit: Pelze und Stoffe, Pferde und Bären und Elefanten, Gold und Silber und kostbare Gefäße. Die Schatzkammern des Kreml füllten sich.
Das sah der Zarensohn Iwan. Auch vor ihm verneigten sich alle Bojaren. Der kleine Iwan war der Stolz seines Vaters, behütet und verwöhnt. Vier Jahre war der Kreml für Iwan ein Paradies.
Da starb sein Vater. Die Fürsten und Bojaren hoben ihre Köpfe.
Die Macht lag nun in den Händen der Zarin. Die Bojaren versuchten sie gefügig zu machen und räumten sie schließlich mit Gift aus dem Wege.
Zu dieser Zeit war Iwan sieben Jahre alt.

Die Bojaren, die sich vor ihm so tief verneigt hatten, drangen nun frech in den Zarenpalast und benahmen sich wie Räuber. Sie schleppten goldene Gefäße fort, wertvolle Teppiche und Möbel, legten ihre Stiefel auf das Zarenbett und beleidigten den Knaben, der dem Namen nach Zar war. Wenn Gesandte erschienen, dann steckten sie ihn in Prunkgewänder und setzten ihn auf den viel zu hohen Thron. Am nächsten Tag gaben sie ihm nicht genug zu essen und traten ihn mit Füßen. Und sie zwangen Iwan zu Grausamkeiten. Er mußte Tiere töten und Wehrlose quälen. »Sonst fürchten wir dich nicht«, redeten sie Iwan ein. »Keiner fürchtet dich sonst. Du mußt töten, damit du nicht getötet wirst.«

Da begann Iwan für sein Leben zu fürchten. Die Angst gab ihm viele Augen. Die Hölle kam in Gang. Um den Bojaren nicht zu begegnen, versteckte sich Iwan hinter Büchern. Aber nichts von dem, was die Hochgestellten trieben, entging seinem Blick. Er sah, daß einer den andern haßte. Alle drängten nach oben, gierig nach Macht.

Als Iwan zwölf Jahre alt war, verfolgten die Brüder Schuiski ihren Todfeind, einen Fürsten Bjelski, bis ins Schlafzimmer Iwans. Dort zwangen sie Bjelski in die Knie. Der Mächtigste unter den Großen im Kreml war nun Andrej Schuiski. Er war der Oberteufel. Bei seinem Anblick zitterte Iwan, obgleich ihm selber alle Macht zustand.

Eines Tages aber brach er den Bann, in den ihn die Bojaren geschlagen hatten. Er ›trat hervor‹.

Es war am 23. Dezember, einem Wintertag, an dem ganz Rußland in Frost erstarrt war. Iwan und sein Gefolge verließen den Palast, um an einem Gottesdienst teilzunehmen. Mitten auf dem großen Platz im Kreml trat Andrej Schuiski dem Metropoliten so auf den Mantel, daß er nach hinten umfiel. Schuiski hatte das aus purer Bosheit getan und lachte nun höhnisch. Da schlug ihn Iwan mit der Faust ins Gesicht und gab seinen Wachen den Befehl, Schuiski auf der Stelle zu töten. Den Leichnam ließ Iwan in den Kremlgraben werfen, in dem wilde Tiere gehalten wurden.

Die Bojaren waren starr. So tief war der Schrecken in sie gefahren, daß keiner mehr an offenen Widerstand dachte. Sie zogen sich hinter ihre Gesichter zurück. Drei Jahre später, mit siebzehn Jahren, nahm sich Iwan eine Frau aus einer Familie, die nicht zu den Großen des Landes zählte, und setzte sich selber die Zarenkrone auf. Wenn er öffentlich auftrat, trug er einen Stab mit eiserner Spitze. Vor ihm zitterten alle.

Aber auch in ihm blieb die Angst lebendig. Das zeigte sich, als ein Brand in Moskau ausbrach. Da flüchtete er in die Sperlingsberge und blieb dort, bis ihn das Volk zurückholte.

Moskau wurde wieder aufgebaut. Ein paar Jahre regierte Iwan als guter Zar, von der Zarin und zwei Beratern unterstützt. Dann erkrankte er schwer. Er forderte die Bojaren und Fürsten auf, seinen vierjährigen Sohn zum Thronfolger zu wählen. Die Bojaren aber weigerten sich, alle bis auf zwei. Von nun an sah Iwan in den Bojaren Verräter, in allen Hochgestellten eine Teufelsbrut. Er beschloß, sie auszurotten. Sobald er die Krankheit abgeschüttelt hatte, fing er an zu wüten. Er verhöhnte die Bojaren, die in Moskau lebten, und erfand für sie eine Sondersteuer, in Flöhen zu entrichten. Einem Boten, den ein abgefallener Fürst gesandt hatte, durchbohrte er mit seinem Eisenstab den rechten Fuß und zwang ihn, den Brief des Fürsten zu verlesen, an die Erde festgenagelt. In jedem Menschen witterte er ›künftigen Verrat‹. Den beiden Baumeistern, die auf dem Roten Platz eine Kathedrale von unerhörter Pracht erbauten, eine Kirche aus neun Kirchen, ließ er nach Vollendung ihres Werkes die Augen ausstechen, damit sie nicht für einen andern Auftraggeber einen schöneren Bau errichten konnten.

Als die Zarin starb, nahm Iwan eine Tscherkessin zur Frau, um alle Bojarengeschlechter zu beleidigen. Dann teilte er Rußland. Sich selber behielt er einen Streifen vor, der von Moskau bis an die Ostsee reichte. Über den Rest von Rußland setzte er als Zaren den getauften Tatarenfürsten Semjon. Vor ihm mußten die Bojaren in die Knie. Iwan zog sich in eine Festung zurück, die in dichten Wäldern lag. Er umgab sich mit einer Horde aus sechstausend Henkern, die seine Befehle blind befolgten. Sie ritten durch Rußland, am Sattel einen Besen mit einem Hundekopf, plünderten und steckten Gehöfte in Brand, Schlösser, ganze Städte. Iwan beteiligte sich an den Mordtaten. In einer Woche entvölkerte er Nowgorod. Keine Stadt war mehr sicher. Die ungeheuerlichen Verbrechen an seinem Volk wurden ihm von der Angst eingegeben, die von Bojaren geweckt worden war. Sie hatten ihm gesagt: Du mußt töten, wenn du am Leben bleiben willst.

Nun verbreitete er Tod, wohin er kam. Schließlich trug er sich nur noch mit Fluchtgedanken. Er ließ eine Flotte von zwanzig Schiffen bauen, die im Falle eines Aufstandes ihn und seine Schätze nach England bringen sollten. Aber niemand erhob sich gegen ihn. Die Bojaren, die er am Leben gelassen hatte, waren von Entsetzen gelähmt. Niemand machte einen Anschlag auf das Leben des Zaren. Er traf sich selbst.

Drei Jahre vor seinem Tod erschlug er in blinder Raserei seinen Sohn Iwan, der hochbegabt war und nach ihm den Thron besteigen sollte. Seit diesem Tage war der Zar gebrochen. Er murmelte unaufhörlich ein Gebet, das er sich selber ausgedacht hatte: »Nimm uns das Lachen, Herr, und laß uns weinen; denn diese Welt ist hassenswert und abscheulich.«

Doch wollte er die Welt um keinen Preis verlassen, obgleich sie für ihn die Hölle war. Den Tod fürchtete er noch mehr als die Bojaren. Er versteckte sich in seinen Schatzkammern und redete sich ein, daß der Goldglanz den Tod blenden werde.

Am 19. März 1584 erstickte er an seiner Angst. Die Bojaren schickten dem toten Zaren ihre Flüche nach. Das Volk aber war nicht auf ihrer Seite. Es wußte zu genau, was es von den Bojaren zu halten hatte. ›Ließe der Himmel Milch regnen – nur die Oberen hätten Krüge‹, so sagten die Bauern. Sie träumten von einem Zaren, der sie vor den Mächtigen in Schutz nahm, von einem Herrscher, der für niemanden schrecklich war.

4

Zar Fjodor und sein Erster Diener

Fjodor, der neue Zar, war ein Mensch ohne Haß. Ihm lag nichts an Schätzen. Er hatte keine Angst vor Anschlägen. Er fürchtete nur das eine, das alle anderen heftig begehrten: Macht auszuüben. Das überließ Fjodor den Männern, die Zar Iwan dazu bestimmt hatte, ihn bei den Staatsgeschäften zu beraten. Er brachte seine Tage damit zu, Glocken zu läuten, Ikonen zu betrachten, zu beten, Legenden anzuhören und sich mit Affen, Zwergen und Narren zu unterhalten. Wenn ihm jemand ›eine Sache von höchster Wichtigkeit‹ unterbreiten wollte, lächelte er wie einer, der nicht begreift, daß irgend etwas auf der Welt wichtig sein sollte. Was er sagte, befremdete seine Zuhörer oder erheiterte sie. Gesandte und Kaufleute aus anderen Ländern, die den Zaren bei Empfängen sahen, trauten ihren Augen nicht. Sie meinten, einen Mann vor sich zu haben, der keinen Gedanken zu Ende denken kann. Fjodor sah krank aus, er ging gebeugt und schwankend. Die Fremden hielten ihn für einen Idioten; sie bedauerten das Volk, an dessen Spitze ein solcher Mensch stand.
Die Russen dachten anders. Sie störten sich nicht daran, daß ihr

Zar mit eigenen Händen an Glockensträngen zog und stundenlang vor Ikonen verweilte. Sie nahmen auch nicht daran Anstoß, daß er sich lieber mit Zwergen und Affen als mit Heerführern und Ministern abgab. Sie hielten Fjodor für einen Jurodiwy; das ist einer, dem die Gabe verliehen ist, alles nach seinem wahren Wert einzuschätzen. Solche ›Begnadete‹ tauchten in Rußland immer wieder auf, sie zogen in Lumpen gehüllt umher, verzichteten auf Besitz und auf Ehre und machten sich über alles lustig, was verständigen Leuten erstrebenswert scheint. Sie entlarvten Heuchelei und brandmarkten Mißstände, gleich wo sie sich zeigten. Selbst höchste Würdenträger wurden durch sie bloßgestellt. Niemand hätte gewagt, so einen anzugreifen.

Ein solcher Jurodiwy war Iwan entgegengetreten, als er von Nowgorod nach Pleskau gezogen war, um auch dort eine ganze Stadt auszurotten. Der Jurodiwy hatte dem Zaren rohes Fleisch angeboten.

»Mir steht der Sinn heute nicht nach Fleisch«, hatte der Zar gesagt.

»Aber doch nach Menschenfleisch«, hatte ihm der Jurodiwy erwidert.

Betroffen war Iwan umgekehrt und hatte Pleskau verschont. Gewöhnlich gingen solche Menschen aus dem Volk hervor. Nun saß so einer auf dem Thron, und die Russen sahen eine Fügung darin.

Zar Fjodor vermied alles, was an seinen Vater erinnern konnte. Auch er hatte als Kind Entsetzliches erlebt, aber bei ihm war es nicht zum Bösen ausgeschlagen. Sein Vater hatte ihn gezwungen, die Glocke zu läuten, die den Henkern das Zeichen gab, Menschen zu quälen oder umzubringen – vor den Augen des kleinen Fjodor. Iwan hatte seinem Sohn gepredigt, was ihm selbst die Bojaren eingeredet hatten: ›Du mußt andere töten, sonst töten sie dich.‹ Er hatte Fjodor aufgefordert, bei den Grausamkeiten mitzumachen. Fjodor hatte gelächelt, als könne er nichts von dem begreifen, was da geschah. Iwan war darüber in Wut geraten, aber dann hatte er sich damit begnügt, Fjodor die Henkerglocke läuten zu lassen.

Nun läutete Fjodor die Kremlglocken – zum Gedächtnis der Toten, die sein Vater auf dem Gewissen hatte. Iwan hatte Listen angelegt, in denen die Namen seiner Opfer standen. Diese Listen hatte Fjodor vor sich liegen, wenn er betete.

»Der neue Zar trägt die Schuld seines Vaters ab«, hieß es. »Er könnte nicht eine Taube töten. Wie kann er der Sohn jenes anderen sein?«

Die Russen hielten Fjodor für einen guten Zaren – zu tief hatte Zar Iwan sie erschreckt. Dieser Zar tat nichts Böses. Er hielt sich von allen Geschäften fern. Ein anderer, dem er blind vertraute, handelte in seinem Namen. Fjodor las keinen der Erlasse, die er unterschrieb. Wer Einblick hatte, fragte sich besorgt: »Trägt dieser ›gute Zar‹ nicht die Verantwortung für alles, was jener andere in seinem Namen tut, auch für das, was er noch tun wird?« Jener andere, der die Macht in Händen hatte, war der Bruder der Zarin: Boris Godunow.

5

Der Emporkömmling

Boris Godunow hatte nicht lange dazu gebraucht, die übrigen vier Räte auszuschalten. Auf Vorschlag der Zarin, seiner Schwester, hatte ihn Fjodor zum Ersten Diener ernannt, zum Nahen

Verwandten. Damit war er Regent. Der Zar schenkte ihm so viele Güter, daß Godunow zum reichsten Russen wurde. Die anderen Großen des Landes murrten.

»Wie weit will es dieser Tatar noch bringen«, fragten sie erbittert. Solche Worte waren in den Wind gesprochen. Beschwerden kamen nicht bis zum Zaren. Wer ihn sprechen wollte, wurde an den Regenten verwiesen, auch die Bittsteller, die mit Gesuchen erschienen. Es lag bei Godunow, wem ein Posten im Heer gegeben wurde, eine Stelle im Kreml, ein Landgut, ein Vorrecht.

Seine Neider sagten: »Unter keinem anderen Zaren hätte er so rasch hochkommen können.« Sehr bald aber redeten sie nicht mehr über ihn; denn Boris erfuhr jedes unvorsichtige Wort. Er hatte ›die Zahl seiner Ohren vermehrt, auch die Zahl seiner Augen‹. Ein Heer von Spitzeln überwachte alle Russen. Wer gegen Boris war, wurde in die Verbannung geschickt und durfte Moskau nicht mehr betreten.

Schon ein halbes Jahr nach dem Tode Iwans wurde die Sippe der Nagoj aus dem Kreml ausgewiesen. Die Zarenwitwe samt ihrem Sohn Dimitri und ihre beiden Brüder mußten nach Uglitsch übersiedeln, in eine kleine Stadt, die an der oberen Wolga lag, drei Tagereisen von Moskau entfernt. Die Nagoj bezogen ein bescheidenes Schloß. Dort wuchs Dimitri auf. Godunow erreichte, was er beabsichtigt hatte: Bald sprach niemand mehr von Dimitri. Nur noch in Kirchengebeten wurden Marja und Dimitri erwähnt – als Angehörige der Zarenfamilie. Da erschien eines Tages ein Zarenerlaß, in dem angeordnet war, ›den Namen des unmündigen Knaben Dimitri und der gewesenen Zarin Marja aus allen Kirchengebeten zu streichen, da selbst einem Zaren nicht zugebilligt werden kann, sich fünfmal zu vermählen, und also auch ein Kind aus solcher Ehe auf Rechtmäßigkeit keinen Anspruch hat‹.

»Das hat Boris Godunow sich ausgedacht«, sagten die Bojaren. »Dimitri ist ihm ein Dorn im Auge.«

Überall erregte die Anordnung Aufsehen. Im ganzen Land machte man sich Gedanken um den Zarensohn, der so eilig aus dem Kreml verbannt worden war. Für ihn und seine Mutter wurde nun heimlich gebetet.

Ein Jahr ging hin. Da tauchten in den Städten, besonders in Moskau, Männer auf, die vorgaben, daß sie aus Uglitsch kämen und Genaues von Dimitri zu berichten wüßten.

»Er ist wie sein Vater«, behaupteten sie. »Nichts freut ihn mehr als der Anblick von Blut. Mit seinen sieben Jahren ist er schon ein Ungeheuer, das Schafe erwürgt und Gänse erschlägt, Hunde und Katzen vom Dach des Schlosses wirft.«

Die Leute drängten sich um die Erzähler.

»Dieser Sohn Iwans ist voll Haß gegen jeden«, versicherten die Männer. »Er malt Bauern und Händler an Scheunentore und wirft mit Messern nach diesen Bildern. Im Winter baut er aus Schnee Bojaren mit Reisigbärten und Mützen aus Torf. Er redet sie mit Bojarennamen an und geht mit einem langen Stock auf sie los, der eine eiserne Spitze hat. Er sticht in ihre Augen und durchbohrt das rote Blatt, das als Herz auf ihrer Brust klebt, reißt ihnen den Bart weg und zerfetzt sie mit Hieben.«

Viele hörten das mit Schrecken. Andere fingen zu lachen an; denn die Bojaren waren beim Volk verhaßt. Und manche hörten genauer hin, musterten die Gesichter und fragten: »Wie geht es der gewesenen Zarin? Wenn ihr schon von Uglitsch kommt, so erzählt uns auch vom Schloß!«

Da begannen die Männer unsicher zu werden. Manche wußten nicht einmal den Namen des Klosters, das dem Schloß benachbart war, und sie gingen weiteren Fragen aus dem Weg.

»Das sind gekaufte Leute«, hieß es allgemein. »Sie sollen Dimitri zu einem machen, dem niemand nachzutrauern braucht.«

Der Verdacht, solche Gerüchtemacher ins Volk zu schicken, richtete sich gegen Boris Godunow. Keinem andern war Dimitri im Weg. Zu jener Zeit hatte der Regent schon vieles getan, das ihm

Feindschaft eintrug, vor allem von seiten alteingesessener Bojaren, die in ihm einen Emporkömmling sahen, der nun näher als sie alle am Zarenthron stand.

6

Der Vorfall auf dem Roten Platz

Ende Mai des Jahres 1591 flog durch Rußland eine Nachricht, die jeder mit Entsetzen vernahm. Im Schloßhof von Uglitsch, so wurde geredet, sei der Zarensohn Dimitri mit durchstoßener Kehle aufgefunden worden. Man munkelte von einem Auftraggeber. Bojarennamen wurden geflüstert. Auf Befehl des Zaren sei eine Kommission nach Uglitsch entsandt worden, um alle Umstände zu untersuchen und Gericht zu halten. Zu Richtern habe der Regent die Bojaren Schuiski, Wylusgin und Kleschin eingesetzt, drei ihm ergebene Männer. Eine Woche später wurde bekannt, die Kommission sei zurückgekehrt, und Schuiski werde dem Volk mitteilen, was die Untersuchung ergeben habe.

Am Morgen des letzten Tages im Mai waren auf dem Roten Platz mehr Menschen versammelt, als der Kreml seit Jahren gesehen hatte. Am dichtesten war das Gedränge bei dem halbrunden Steinsockel, dem Richtplatz. Der Sockel war durch Postenketten abgesperrt. Kremlwachen waren über den Platz verteilt, und Soldaten hielten eine Gasse frei, die aus dem Erlösertor in der Kremlmauer bis zum Richtplatz führte. Der Sockel trug ein Holzgerüst, das die Menge überragte. Alle, die gekommen waren, warteten auf ein ›Wort der Wahrheit‹. Nicht nur aus Moskau hatten sich Menschen eingefunden – viele waren von weither gekommen und die ganze Nacht unterwegs gewesen. Nun standen sie da mit bleichen Gesichtern.

Ungeduldig blickten sie über die rote Mauer auf die goldenen Kuppeln der Kremltürme. Das Schwirren über den Köpfen nahm zu.

Nach zwei Stunden hallten Kommandos über den Platz. Nun wurde es still. Im Erlösertor erschien ein Bojar auf schwarzem Pferd, gefolgt von Offizieren. Sie ritten durch die Gasse, die vom Tor bis zum Steinsockel führte.

Der Bojar stieg die Stufen zum Gerüst hinauf. Weithin war sein bleiches Gesicht zu sehen. Seine Augen, schwarz wie Pfützen, konnten nur die erkennen, die vorne standen. Das war er, der Bojar Wassili Schuiski.

Er trat an die Rampe, in der linken Hand das Zarendekret. Sein Blick flog über die vielen Menschen hin. Dann begann er mit lauter Stimme zu sprechen: »Unser Herr, Zar Fjodor, gibt seinem Volk bekannt, daß ihm eine Prüfung widerfahren ist. Dimitri, der geliebte Bruder unseres Herrn, des Zaren, ist tot. Am fünfzehnten Mai, eine Stunde vor Mittag, stürzte er so unglücklich in ein Messer, daß er sich selber die Kehle durchschnitt. Unser Herr, der Zar, hat drei Untersuchungsrichter nach Uglitsch geschickt, und sie haben die notwendigen Verhöre vorgenommen und folgenden Hergang als wahr erfunden: ›In fahrlässiger Weise haben Marja Nagoja, gewesene Zarin und Mutter des Kindes, deren Brüder sowie jene, denen der Knabe anvertraut war, es zugelassen, daß sich Dimitri mit zwei anderen Knaben die Zeit mit Messerwerfen vertrieb. Sobald das Unglück geschehen war –‹«

Ein Mann in der Menge begann so laut zu schreien, daß seine Stimme Schuiskis Worte übertönte. Der Mann war hochgewachsen, er stützte sich auf die Schulter eines anderen und schrie: »Das sind Lügen! Ein Bojar hat dem Kind die Kehle durchbohrt. Ein unschuldiges Kind ist ermordet worden am hellen Tag. Ich habe Dimitri in seinem Blut gesehen. Ich habe dem Mörder ins Gesicht geblickt, dem Bojaren Bitjagowski, und wir haben ihn erschlagen samt seinen Helfern. Die gerechte Strafe ist über sie gekommen. Wer aber macht Dimitri lebendig, wer die zweihundert Toten von Uglitsch, die nicht wie ich dem Henker entronnen sind, der da oben steht?«

Der Mann brach zusammen. Soldaten schlugen auf ihn ein. Auf dem Steinsockel wartete Schuiski mit unbewegter Miene, bis der Mann weggebracht war. Dann fuhr er fort, das Zarendekret zu verlesen. Er wiederholte den abgebrochenen Satz: »Sobald das Unglück geschehen war, versuchten die gewesene Zarin und ihr Anhang die Schuld auf andere abzuwälzen. Sie verdächtigten den Bojaren Bitjagowski, einen ergebenen Diener unseres Herrn, sowie dessen Sohn und Neffen des Mordes. Die gewesene Zarin Marja befahl, die Sturmglocke zu läuten. Der Hofgeistliche Ogurez, ein törichter Mensch, gab sich dazu her, und das brachte die Bewohner von Uglitsch derart auf, daß sie die verdächtigen Männer erschlugen. Diese aber waren ohne Schuld, das ist durch Zeugenaussagen bestätigt. Daher erging im Namen des Zaren folgendes Urteil: Marja Nagoja, schwerer Nachlässigkeit überführt, wurde in ein Kloster verwiesen, dessen Namen niemand erfragen soll. Ihre Brüder, Anstifter zu mehrfachem Mord, wurden gefoltert und an Orte verbannt, deren Namen niemand erfragen soll. Der törichte Mensch namens Ogurez wurde hingerichtet, ebenso alle anderen, denen das Leben des Kindes anvertraut war. Hingerichtet wurden zweihundert Einwohner von Uglitsch, deren Hände mit Bojarenblut befleckt sind. Zum Tod verurteilt wurden alle Tiere in der Stadt, Hunde und Vögel und die Fische in den Teichen, weil sie weiterlebten, als wäre nichts geschehen. Alle anderen Einwohner wurden weggeführt, auf daß sie in Sibirien eine neue Stadt aufbauen, die von Mord nichts weiß. Mit ihnen verbannt wurde auch die Glocke, nachdem man ihr die Zunge ausgerissen hatte. Das alles ist geschehen, weil eine Stadt des Mordes schuldig wurde. Wer anders redet, der macht sich verdächtig, und es wird ihm ergehen wie jenen von Uglitsch. Das erklären im Namen des Zaren, unseres Herrn, die drei bestellten Richter, von denen einer zu euch spricht.« Nach diesen Worten verließ der Bojar das Gerüst, bestieg sein Pferd und kehrte so rasch, wie er gekommen war, in den Kreml zurück.

Tausende starrten den Sockel an, als warte er auf jeden von ihnen. Ein Blitz war gefallen, für keinen sichtbar, aber er hatte alle getroffen. Furcht setzte sich in den Herzen fest. Sie drang in Häuser und Hütten ein und verbreitete sich vom steinernen Moskau aus über das ganze russische Land. Überall erinnerten sich die Menschen: Hunderte hinzurichten samt Vögeln und Fischen, das hatte Iwan der Schreckliche getan. Glocken die Zungen herauszureißen, alle Einwohner aus ihren Städten, so hatte Iwan der Schreckliche gestraft. Wieder war nun ein Schrecklicher im Kreml: Boris Godunow.

7

Der Turmbauer

Der Regent Godunow war mächtiger denn je und wurde von allen mehr denn je gehaßt. Jeder hielt *ihn* für den Anstifter zum Mord. Da kamen ihm zwei Ereignisse zu Hilfe. Am Vorabend von Pfingsten brach in Moskau ein Brand aus. Ein starker Wind fachte das Feuer an. Es sprang von einem Haus zum andern über. Die Wächter, mit Beilen ausgerüstet, um bei Bränden die

Hütten abzureißen, waren machtlos gegen einen solchen Feuersturm. Funkenschauer wehten über die Flüsse. Auch Paläste und Speicher gerieten in Brand. Von den Hütten der Armen blieben nur schwarze Flecken übrig. Die Obdachlosen, die den Flammen entkommen waren, starrten in die rauchenden Reste, gerettete Ikonen in den Armen. Kaufläden, Werkstätten und Gasthäuser waren zerstört, selbst viele Kirchen. Den Kreml hatte das Feuer nicht berührt. Auch Kitaigorod, der älteste Stadtteil, war unversehrt geblieben. Der Zar und der Regent waren nicht im Kreml. Sie befanden sich im Kloster des heiligen Sergej, einen halben Tagesritt von Moskau entfernt. Godunow kam bereits am Tage nach dem Unglück auf abgehetztem Pferd in Moskau an. Er ritt zwischen den Aschenhaufen umher, drückte Hände, wischte Tränen ab und ließ Geld verteilen, Brot und Getreide. Jedem, der ein Haus verloren hatte, versprach er ein neues. Für die Händler, deren Lager ein Raub der Flammen geworden war, wurden Freibriefe ausgestellt. Der Regent gelobte, die zerstörten Kirchen wieder aufzubauen. Er ließ gleich damit beginnen. Soldaten wurden in die Wälder geschickt, um Bäume für den Bau von Häusern zu fällen.

Godunow nahm die Bewohner von Moskau in Schutz. Wer behauptet, der Brand sei ein Gottesgericht, vom Himmel wegen schwerer Verfehlungen verhängt, mußte Buße zahlen.

Der Regent sprach auf dem Roten Platz zum Volk. »Euch trifft keine Schuld«, versicherte er. »Nicht von oben kam das Feuer. Es kam aus Schlupfwinkeln, in denen der Neid wohnt.«

Eifrig wurde nach Brandstiftern gefahndet. Nicht nur Gesindel wurde aufgegriffen, der Verdacht traf auch Bojaren, darunter zwei Männer, die zur Familie Nagoj gehörten. Godunow ließ sie hinrichten. Das Volk gab sich zufrieden.

Boris, der Wohltäter! hieß es nun überall. Und wo gebaut wurde, da sagten die Leute: »Das Haus baut Godunow, Boris gibt uns ein Dach.«

Noch waren die meisten Straßen verwüstet, da rückte ein Tatarenheer gegen Moskau. Godunow ließ die steinernen Mauern besetzen, die den Kreml, Kitaigorod und Zargorod umschlossen. Alle Männer wurden zu den Waffen gerufen, nicht nur die Soldaten. Am 27. Juni erschien der Khan Kasy-Gerai mit seinen Horden vor der Stadt. Er ließ Zelte aufschlagen und Schanzen bauen, weil er Moskau so lange belagern wollte, bis ihm der Hunger die Stadt in die Hand gab. Am nächsten Tag machte Boris Godunow mit allen Bewaffneten einen Ausfall, griff die Tataren an und verdrängte sie von den Ufern der Moskwa. Lange blieb der Kampf unentschieden. Schließlich mußten sich die Russen in die Stadt zurückziehen. Die Tataren nisteten sich von neuem ein.

Zar Fjodor hatte aus einem Kremlfenster der Schlacht zugesehen. Als die Russen flohen, brach die Zarin in Tränen aus. Mit ihr weinten andere Frauen. »Was weint ihr!« sagte Fjodor, »schon morgen wird die Horde auseinanderfliegen.«

Die Tataren hatten Gefangene gemacht. Godunow ließ die Zarenwache antreten und musterte einige Soldaten aus.

»Ihr müßt die Zahl der Gefangenen vermehren«, sagte er ihnen. Dann weihte er sie in seinen Plan ein. »Ich werde die ganze Nacht Feuer brennen lassen überall in der Stadt. Der Himmel über Moskau wird rot sein. Ihr werdet ins Tatarenlager schleichen und euch dort als Gefangene ausgeben. Und wenn man euch fragt, was die Feuer bedeuten, so werdet ihr sagen: Das sind Freudenfeuer. Ein Russenheer rückt von Westen heran und eins von Norden. Der Zar wird den Khan in die Zange nehmen. – Das wird uns eine weitere Schlacht ersparen.«

Der Regent behielt Recht. Noch vor Tagesanbruch begannen die Tataren mit dem Abzug. Da ließen sich die Russen nicht länger zügeln und verlangten, den Tataren nachzusetzen.

»Nun gut, ihr Falken!« sagte Godunow zu den Soldaten. »Schlagen wir die Füchse, die wie Hasen fliehen!«

Er selbst setzte sich an die Spitze der Verfolger. Mit vielen Gefangenen und reicher Beute kehrten sie zurück, von den Moskauern mit Jubel begrüßt.
»Boris, der Retter!« wurde nun gerufen. »Boris, der Befreier!« Godunow tat, als sei ihm nichts zu verdanken. Er zeichnete die Soldaten aus, die sich im Kampf hervorgetan hatten. Er belohnte Offiziere mit Bechern und Pelzen. Die Tapfersten wurden mit Münzen geehrt, die an Goldketten hingen. Die gesamte Beute ließ Godunow verteilen.
Das Volk gab sich dem Siegestaumel hin. Godunow wurde als ›guter Regent‹ gefeiert – Dimitri war vergessen.
Nach diesem Siege ordnete Boris an, den Bau eines Turmes weiterzuführen, den der Zar Iwan begonnen hatte. Der Turm sollte höher als alle Kremltürme werden und die größte Glocke Rußlands tragen. Stockwerk um Stockwerk wuchs der Turm. Auf mehrere Jahre war der Bau berechnet.
»Boris Godunow wartet auf seine Stunde«, hieß es im Volk. Es war durchgesickert, daß der Regent einen Sterndeuter befragt hatte, ob er einmal Zar sein werde. Der Sterndeuter hatte ihm vorausgesagt: »Du wirst Zar sein, aber nur für sieben Jahre.« Da hatte ihn Boris umarmt und ausgerufen: »Und wenn es nur für sieben Tage wäre!«

8

Boris wird Zar

Am 6. Januar 1598 starb Zar Fjodor. Und nun wurde der Wohltäter, Retter und Turmbauer vor aller Augen zum frommen Büßer, der sich mit seiner Schwester in ein Kloster zurückzog und beteuerte, der Zarenkrone nicht würdig zu sein.
Indessen war längst alles vorbereitet, um Boris zum nächsten Zaren zu erheben. Der Regent hatte dem Metropoliten von Moskau den Rang eines Patriarchen verliehen und dadurch die Geistlichkeit für sich eingenommen. Zum ersten Patriarchen hatte Boris Godunow einen Mann namens Hiob gemacht, der ihm blind ergeben war.

Dieser Hiob führte nun Bittprozessionen vor das Jungfrauenkloster, in das sich Godunow zurückgezogen hatte. Die Kinder hielten Blumen und Kreuze in den Händen, Männer trugen Heiligenbilder. Hiob hatte sogar das Bild der Gottesmutter, das nach dem Glauben des Volkes vom Evangelisten Lukas gemalt und noch nie von seinem Platz bewegt worden war, vor das Jungfrauenkloster bringen lassen. Der Patriarch drohte das Glockenläuten für ganz Rußland zu verbieten, falls Boris nicht dem Flehen der Russen nachgäbe. Männer, Frauen und Kinder riefen: »Erhabener Boris, sei unser Zar!« Sie schrien so, daß sich ihre Gesichter verzerrten.
Nur die Bojaren hielten sich zurück. Einige von ihnen erwogen sogar, dem getauften Tatarenfürsten Semjon, den Iwan aus purem Hohn über sie gesetzt hatte, die Zarenkrone anzubieten. Als aber Godunow ›dem Volk endlich nachgab‹ und einer Wahl zustimmte, wählten ihn nicht nur die Vertreter der Stände, Me-

tropoliten, Kaufleute und Richter, sondern auch die Bojaren. Sie hatten Grund, sich zu fürchten; denn Godunow war entschlossen, alle zu beseitigen, die gegen ihn waren und ihm gefährlich werden konnten.

Kaum war Boris gewählt, verkündete der Patriarch: »Daß aber nicht welche sagen: Dieser ist nicht aus Zarengeschlecht! In der Heiligen Schrift sind Könige verzeichnet, die nicht aus königlichem Blute waren, sondern erwählt.«

Die Rechtgläubigen wurden aufgefordert, jeden anzuzeigen, der auch nur ein Wort gegen Godunow sagte. Der Patriarch erklärte im Namen Gottes, daß die Krone Iwans auf kein anderes Haupt passe als auf das Haupt Godunows.

Alle, die ›sich bereits schuldig gemacht hatten‹, wurden hart bestraft. Semjon wurde geblendet, weil er ›blind für die Hoheit Godunows‹ gewesen war, und in ein elendes Nest verbannt. Denen, die sich für den Tatarenfürsten eingesetzt hatten, erging es ebenso. Alle Untertanen mußten Treue schwören und sich selbst verfluchen für den Fall eines Eidbruchs.

Der neue Zar kannte seine Gegner genau. Wie der Zar Iwan lichtete er ihre Reihen. Nur tat er es nicht öffentlich. Er richtete es so ein, daß es erst später aufkam und um so fürchterlicher wirkte.

Im Kreml war es Brauch, die silbernen Beile der Pagen gegen rote umzutauschen, wenn jemand hingerichtet wurde. Seit Boris Godunow an der Macht war, trugen die Pagen stets silberne Beile.

Dieser Zar war auch in anderen Dingen ein Betrüger. Er ließ Goldmünzen mit Eisenkernen prägen. Und er sicherte sich zahlreiche Monopole: für Seide und Pelze, für gewisse Hölzer, für Rhabarber, für Kaviar, für Gewichte und Maße. Jeder Russe mußte eine Eisenelle kaufen, die der Zar herstellen ließ.

Godunow vertraute nur seinen Verwandten, dem Patriarchen Hiob und Wassili Schuiski. Diese beiden hatten beim Zaren im-

mer Zutritt. Mit ihnen beriet Godunow seine Erlasse und Geheimbefehle.
Die ›Beratungen zu dritt‹ waren sehr bald berüchtigt. Vor allem hörte der Zar auf Schuiski. Schuiski war um ihn, wenn Godunow sich öffentlich zeigte. Der Zar verlieh ihm den Titel Ergebener Bojar. Das Volk nannte Schuiski den Schatten Godunows – seit dem Tage, an dem er auf dem Roten Platz behauptet hatte, Dimitri sei einem Unglücksfall erlegen, nicht einem Anschlag.

9

Die große Hungersnot

Seit Boris Godunow sein Ziel erreicht hatte, fürchtete er Anschläge auf sein Leben. Nur noch selten verließ er den Kreml. Er schaffte auch den Zarenbrauch ab, jeden Mittwoch Bittsteller auf der Roten Treppe zu empfangen.
Um die Grundbesitzer für sich zu gewinnen, machte er ein Gesetz, das den Bauern verbot, ihre Dörfer zu verlassen. Um die Bauern war es ohnehin sehr schlecht bestellt. Sie bearbeiteten Felder, die nicht ihnen gehörten. Sie wohnten in selbstgebauten Hütten und ernährten sich von dem, was sie selber anbauten. Ihre Stuben beleuchteten sie mit selbstgeschnittenen Spänen; denn Kerzen gab es nur für die Begüterten. Für die Reichen gab es alles: wertvolle Stoffe, kostbares Geschirr, Wagen und Paläste und Vorratshäuser. In Hungerszeiten wurden nur die Oberen

satt, an die ein großer Teil der Ernten abgeliefert werden mußte. Wenn der Hunger für die Bauern so unerträglich wurde, daß sie von Grütze träumten oder wie der Fuchs im Traume Hühner zählten, dann blieb ihnen kein anderer Ausweg als die Flucht. Nur der Platz war noch warm, wenn der Gutsbesitzer in den Hütten nachsah; der Bauer war mit Frau und Kindern fortgezogen. Dem suchte Godunow einen Riegel vorzuschieben. Er untersagte den Bauern bei Todesstrafe, ihren Arbeitsplatz ohne Erlaubnis zu verlassen. Damit wurden die Bauern zu Leibeigenen und der Willkür ihrer Herren ausgeliefert. Aber Godunow täuschte sich in den Russen. Viele schreckte ein Knechtsleben mehr als der Tod. Sie sagten sich: ›Mögen nach uns die Wölfe Gras fressen‹ und suchten das Weite. Ganze Landstriche wurden von den Bauern verlassen. Auf den Schindeldächern wuchs Gras, die Felder wurden von Gestrüpp überwuchert. Bären und Füchse übernahmen die Dörfer.

Die Bauern zogen nach Süden, den Dnjepr hinab auf das Wilde Feld. Dort wartete schwarze, fruchtbare Erde, die keinem gehörte, ein großes Niemandsland, in das gelegentlich Tataren einfielen. Dort wurden die Geflohenen, ›das nackte Volk‹, zu Viehzüchtern und Jägern, und an den Strömen und Flüssen zu Fischern. Sie taten sich zu Raubzügen zusammen und nannten sich Kosaken, erwählten Atamane aus ihrer Mitte, die nach einem Jahr ihre Befehlsgewalt abgaben und wieder zu einfachen Kosaken wurden, schlugen sich mit den Tataren herum und warteten auf einen Zaren, ›der für alle Russen da ist‹. Sie alle, die auf das Wilde Feld geflohen waren, hatten so großes Unrecht erlitten, daß sie sich mit offenen Augen ins Grab legen ließen, um drüben endlich Gerechtigkeit zu sehen. Hunderttausende flohen nach Saporog, hinter die Dnjeprfälle, in die grenzenlose Grenzmark, die Ukraine. So wurde Godunow, der die Russen in den Dörfern festbinden wollte, zum Entvölkerer des Landes.

Die Männer, die beim Turmbau beschäftigt waren, trieb Boris

selber an, weil es ihm nicht rasch genug ging. Im Frühjahr 1601 wurde der Turm mit einem goldenen Helm gekrönt. Der Zar war stolz auf sein großes Werk. Das Volk aber nannte den Turm nicht Boris, sondern Großer Iwan. Als der Bau vollendet war, wurde der Himmel über ganz Rußland zu einer Kuppel, die einen Sommer lang erbarmungslos glühte.

Die Frühjahrsregen waren ausgeblieben, die Saaten verdorrten. Vieh mußte notgeschlachtet werden, weil es an Futter fehlte. Aus Eicheln und Stroh wurde Brot gebacken, das im Halse steckenblieb. Kinder zogen mit Knüppeln auf die Jagd, sie brachten Wurzeln und Raupen heim. Im Jahr darauf machte der Hunger die Menschen zu Wölfen. Fischer mußten um ihr Leben zittern, wenn sie Fische nach Hause trugen. Räuberbanden überfielen Vorratshäuser in Städten und Schlössern. Rußland war in Aufruhr.

Boris fürchtete, die Halbverhungerten könnten Moskau stürmen, und ließ die Kremlspeicher öffnen. Hunderttausende zogen nun nach Moskau, weil sie hofften, einen Anteil zu ergattern. Als es in den Speichern nichts mehr zu holen gab, belagerten sie verzweifelt den Kreml. Sie wurden von Soldaten aus Moskau vertrieben.

Godunow hieß nun der gottverfluchte Zar, der ein Strafgericht über Rußland heraufbeschworen habe. Sein Name wurde mit Abscheu genannt. Alle kehrten sich von ihm ab.

Ein neues Jahr brach an. Es kam mit hartem Frost. Viele Russen waren dem Hunger erlegen. Nun kamen Ungezählte in der Kälte um. Die Aufrührer hatten keine Kraft mehr für Aufruhr. Das Volk fügte sich in das große Unglück, das über das Land hereingebrochen war. Auf den Straßen war die Bettlerklage zu hören: »Not und Kummer, Unglück und Leid sind Gottes Boten, und wen sie aufsuchen, für den gibt es kein Entrinnen. Wollte einer als Vogel entfliehen, so würden sie zu Falken und holten ihn ein. Versuchte einer als Fisch zu entkommen, sie würden zu Angeln und dichten Netzen. Würde einer zum Wolf, sie würden zur Meute, die ihn umstellt. Und würde er zu Gras – sie würden zu Sensen und kämen mit ihrer Schärfe über ihn, um seine Herzwurzel durchzuschneiden.« So klagten die Bettler, und der Atem blieb weiß vor ihrem Munde stehen.

Von Mutlosigkeit waren auch die Oberen befallen. Der Zar schloß sich ein und war tagelang für niemanden zu sprechen. Er unterzeichnete mehr Todesurteile denn je.

Schuiski legte dem Zaren Listen mit Namen ›geheimer Aufrührer‹ vor. Immer wieder deckte er ›Verschwörungen‹ auf. Godunow lobte ihn wegen seines Eifers und zeichnete ihn aus. In vertrautem Gespräch nannte er ihn ›Retter‹ oder auch den ›Mann, auf den der Zar baut‹. Täglich kamen Berichte von Überfällen, Mord und Gewalttat im ganzen Land. Sie ließen Boris nicht mehr zur Ruhe kommen.

Eines Morgens gab es im Kreml nur noch rote Beile. Die Pagen meldeten mit schreckensbleichen Gesichtern: »Die Silberbeile haben sich über Nacht rot gefärbt.«

Der Zar war bestürzt. Er ordnete eine strenge Untersuchung an. Sie blieb ergebnislos. Da fürchtete sich Boris Godunow noch mehr.

10

Dimitri taucht wieder auf

Bald darauf ging ein Gerücht wie ein Lauffeuer durch Rußland. »Dimitri lebt«, so hieß es überall. »Der Zarensohn ist dem Anschlag entgangen. An seiner Stelle ist ein anderer getötet worden.«

Und so wurde die Geschichte von Dimitris Rettung erzählt: Die Zarenwitwe Marja hatte seit der Ausweisung aus dem Kreml einen Anschlag auf Dimitri befürchtet. Deshalb nahm sie einen Knaben bei sich auf, der Dimitri zum Verwechseln ähnlich war, einen Popensohn namens Istomin. Dieser Istomin war Dimitris Spielgefährte, nachts aber schlief er im Bett des Zarensohnes. Als in der Nacht zum 15. Mai ein Brand ausbrach, von den Verschwörern in einem Flügel des Schlosses gelegt, lief Istomin auf die Schloßtreppe heraus und wurde dort von Bitjagowski getötet. Den wahren Dimitri aber brachte ein Arzt auf geheimen Wegen auf das Wilde Feld und später nach Polen, wo er in einem Kloster aufwuchs. »Und nun ist er dort hervorgetreten und hat sich zu erkennen gegeben. Er hat polnischen Panen und dem König von Polen Beweise vorgelegt, daß er Dimitri ist, und sogar der König hat ihn anerkannt«, so wurde von Mund zu Mund weitergesagt.

Schuiski brachte immer neue Einzelheiten. Zugleich tat er alles als Gefasel ab. »Man scheut sich nicht einmal, diesem polnischen Dimitri Merkmale anzudichten, die das Kind Dimitri aufwies: ein Muttermal unter dem linken Auge und einen etwas kürzeren linken Arm«, berichtete Schuiski. Der Zar hielt die Geschichte für erlogen, von Verrätern ausgeheckt. Aber sie machte ihm zu schaf-

fen, weil sie in ganz Rußland die Menschen erregte. Er befahl, die Verräter aufzuspüren.
Ein Spitzel meldete, daß sich beim Vormund Dimitris, dem Fürsten Bjelski, ein dringender Verdacht ergeben habe. Zu jener Zeit war es bereits so, daß überall Verdächtige gefunden werden konnten, ›sogar in einem unbewohnten Haus‹. Godunow bezahlte Spitzeldienste hoch und überprüfte nie Angaben, die ihm gelegen kamen. Das war allgemein bekannt. Daher hüteten sich Bojaren, vor Bediensteten zu reden, Popen vor Popen, Verwandte vor Verwandten. Trotzdem ›schneite es Anzeigen im Kreml sommers wie winters‹.
Fürst Bjelski wurde verhaftet. Er hatte wie Godunow zum Rat der Fünf gehört. Berühmt war er wegen seines schönen Bartes. Godunow ließ ihm die Barthaare einzeln ausraufen, um ein Geständnis zu erpressen. Bjelski blieb standhaft. Er stöhnte, sein Gesicht war blutig, naß von Schweiß und Tränen – aber aus seinem Munde kam nicht ein Wort. Er wurde verbannt.
Dann kamen die Romanows an die Reihe. Im Speicher ihres Hauses entdeckte man Säcke, vollgestopft mit giftigen Kräutern. Diener sagten gegen die Romanows aus. Sie behaupteten zu wissen, daß ein Anschlag auf den Zaren verabredet worden sei. Man habe ihn mit einem Gifttrank beseitigen wollen, um dem aufgetauchten Dimitri den Weg zu ebnen.
Godunow schlug erbarmungslos zu. Bis auf zwei Brüder, die gezwungen wurden, in Klöster einzutreten, ging die Familie Romanow in Kerkern zugrunde.
Ein dritter Schlag traf Angehörige der Familie Nagoj. Sie verschwanden ohne Verhör und Gericht, niemand wußte wohin.
Doch überall hielt sich weiter das Gerücht, Dimitri sei am Leben und bereite sich darauf vor, nach Moskau zu ziehen. Für den ermordeten Popensohn Istomin wurde überall im Lande gebetet. Der Zar ließ nachforschen, ob nicht irgendwo vor achtzehn Jahren ein Popensohn namens Istomin geboren worden sei. Einer

der Späher kam mit der Nachricht, in einem Dorf an der oberen Wolga, nur zwei Tagereisen von Uglitsch entfernt, habe ein solcher Popensohn gelebt. Er sei vor zehn Jahren plötzlich verschwunden, sein Grab sei nirgendwo zu entdecken. Auch vom Popen und der Mutter fehle jede Spur.

Boris Godunow verlor die Fassung. Schuiski gab dem Zaren den Rat, Dimitris Mutter nach Moskau zu holen. »Sie soll vor allem Volk die Gerüchte Lügen strafen und offen erklären, daß Dimitri tot ist.« Begierig griff Boris diesen Vorschlag auf. Er ließ die Zarenwitwe, die als Nonne den Namen Marfa trug, aus dem abgelegenen Kloster, in das sie verbannt war, nach Moskau beordern. Das war Ende Januar 1603.

Marfa kam in einem geschlossenen Schlitten und wurde nachts in den Kreml gebracht. Bei der Unterredung waren zwei Frauen und drei Männer zugegen: der Zar, der Patriarch Hiob, Wassili Schuiski, Marfa und die Zarin Marja. Marfa war von der Reise mitgenommen. Sie sah elend aus, von Kränkungen gezeichnet. Der Zar bot ihr einen Sessel an und suchte nach versöhnlichen Worten. Marfa sagte nichts.

Da sagte die Zarin Marja zu Godunow: »Frag sie, was du fragen willst. Sie ist dir Antwort schuldig.«

Mit beherrschter Stimme sagte der Zar: »Wir wissen, wie sich alles zutrug an jenem Tag in Uglitsch. Aber nun werden Gerüchte ausgestreut, die das ganze Volk in Unruhe versetzen. Jeder, in dessen Macht es steht, hat die Pflicht, die Lügner zum Schweigen zu bringen. Du, Marfa, weißt am besten, daß es dein Kind war, das an jenem Tage starb. Bist du bereit, das vor dem Volk zu bezeugen?«

»Das kann ich nicht tun«, sagte Marfa sofort.

»Aber du hast dein Kind doch selbst aufgehoben, als es in seinem Blute lag«, wandte der Zar ein.

»Ich hob ein Kind auf, das blutüberströmt war«, sagte Marfa. »Aber man hat es mir so rasch genommen, daß meine Tränen nicht ausreichten, das Blut abzuwaschen. Wie sollte ich da sicher sein können, ob es mein Kind war!«

»Keine Wölfin verleugnet ihr Kind«, sagte die Zarin gehässig. »Diese tut es.«

Der Zar brachte sie mit einem Blick zum Schweigen. Zu Marfa sagte er: »Ich werde dir erlauben, in Moskau zu bleiben, wenn du öffentlich erklärst, daß du dein Kind seit jenem Unglückstag betrauerst.«

Darauf schwieg Marfa.

Da mischte sich der Patriarch ein: »Hör mich an, Marfa! Du brauchst doch nur zu sagen, was du selber stets geglaubt hast: daß dir dein Kind genommen wurde.«

»Durch ein Unglück«, ergänzte Schuiski.

Den Bojaren würdigte Marfa keines Blickes. »Ich war nie sicher«, erklärte sie.« Aber nun weiß ich, daß Dimitri lebt.«

Sie hob den Kopf und sah den Zaren herausfordernd an. »Wie sollte ich als Mutter nicht glauben, was das ganze Volk glaubt?« hielt sie Boris Godunow vor.

»Du wirst also nicht tun, was der Zar von dir erwartet?« fragte die Zarin drohend.

»Nein«, sagte Marfa.

Sie stand auf.

Da nahm die Zarin eine brennende Kerze von einem Leuchter und trat vor Marfa hin. Ihr Atem brachte die Kerzenflamme zum Flackern, als sie sagte: »Sieh dich vor, du falsche Nonne! Nicht nur diese Flamme kann ausgeblasen werden – auch dein Leben.«

»Jedes Leben«, erwiderte Marfa.

Da stieß ihr die Zarin die brennende Kerze ins Gesicht. Auf der linken Wange Marfas bildete sich ein häßliches Siegel, in dem ein schwarzer Stachel steckenblieb, der abgebrochene Docht. Alles Blut war aus Marfas Gesicht gewichen, sie schwankte und suchte nach einem Halt, aber nicht ein Laut kam über ihre Lippen. Auf

einen Wink des Zaren wurde sie zum Schlitten gebracht. Unbemerkt, wie sie gekommen war, verschwand sie aus dem Kreml.
Der Zar war schwer getroffen. Das in Polen aufgetauchte Gespenst war zu einem lebendigen Menschen geworden. Marfa hatte ihm Atem eingehaucht.
Mehr denn je wurde von Dimitri gesprochen, im Kreml und in den Hütten der Bauern, vor allem in Bojarenkreisen. Es nützte wenig, daß der Patriarch verkündete, Dimitri sei vor zehn Jahren einem Gottesgericht erlegen. Gott habe die Russen strafen wollen und ein unschuldiges Leben als Opfer erwählt – für die Sünden des schrecklichen Zaren Iwan.
Das Volk glaubte nicht, was die Popen in allen Kirchen sagten. Es half auch nichts, daß die Zahl der Verhaftungen zunahm. Die Russen hatten sich von Godunow abgekehrt und setzten ihre Hoffnungen auf Dimitri.

II

Der Auftrag für den Schreiber Grischa Otrepjew

Nach dem fehlgeschlagenen Versuch des Zaren, die Mutter Dimitris auf seine Seite zu bringen, ließ der Bojar Wassili Schuiski den Geheimschreiber des Patriarchen, einen jungen Mann namens Grigor Otrepjew, Grischa genannt, eines Nachts durch die beiden sichersten Männer, über die er verfügte, unbemerkt in sein Stadthaus bringen. Grischa war erst dreiundzwanzig. Der Abt des Tschudow-Klosters im Kreml hatte Grischa dem Patriarchen empfohlen. Der Patriarch war mit seinem Schreiber zufrieden, er hatte ihn auch vor Schuiski gelobt als einen jungen Mann, außerordentlich befähigt, ergeben und verschwiegen. Der Patriarch diktierte Grischa auch die Protokolle über die ›Beratungen zu dritt‹. Auf diese Weise nahm der Schreiber nachträglich und ohne daß der Zar es wußte an jenen geheimen Zusammenkünften teil, in denen die Erlasse beraten wurden. Er gewann Einblick in viele Machenschaften, die selbst Hochgestellten verborgen blieben. Aus den geheimen Protokollen wußte Grischa, daß Boris wie Iwan der Schreckliche dachte: Man muß andere töten, um am Leben zu bleiben – und an der Macht. Im Zaren Boris sah Grischa einen Menschen, der zu jedem Verbrechen fähig war. Wenn er von neuen Verhaftungen hörte, die im Dunkeln vorgenommen wurden, fürchtete er immer um seine Sicherheit. Als ihn die beiden Männer abholten, glaubte er sich verhaftet.

Die Männer führten Grischa in einen Raum, in dem Wassili Schuiski an einem großen Tisch saß. Sie zogen sich zurück. Grischa war mit dem Bojaren allein.

»Ich habe dich holen lassen«, sagte Schuiski, »weil du nicht mehr sicher bist. Der Zar zählt dich zu jenen, die zu viel wissen. Die Protokolle –«

Grischa erschrak. Schuiski bemerkte es. Mit Nachdruck fuhr er fort: »Es ist besser, du trittst nun in meine Dienste. Aber hier im Kreml kann auch ich dich nicht schützen, nirgendwo in Rußland. Du wirst Moskau noch diese Nacht verlassen und nach Polen gehen – zu Dimitri.«

Grischa sah den Bojaren erschrocken an. Schuiski sagte ohne Verlegenheit: »Du bist erstaunt, daß ich dich zu einem schicke, dessen Tod ich auf dem Roten Platz bekanntgegeben habe. Ich hatte damals keine Wahl, wenn ich Dimitri retten wollte.« Der Bojar bot dem Schreiber einen Platz an. Grischa setzte sich. Schuiski ließ ihn nicht aus den Augen. »Ich beobachte dich schon lange«, fuhr er fort. »Du bist zuverlässig und verschwiegen und hast es in jungen Jahren weit gebracht. Du wirst weiter aufsteigen, wenn du dich bewährst. Für das, was vor dir liegt, bist du besser geeignet als jeder andere. Du kannst deinem Land einen großen Dienst tun. Bist du dazu bereit?«

»Welchen Dienst?« fragte der Schreiber.

»Du wirst Dimitri die Nachricht überbringen, daß es Zeit für ihn ist, nach Moskau zu ziehen und Rußland von dem Mann zu befreien, der durch Mord und Lügen auf den Thron kam.«

Mit unheimlicher Ruhe erklärte Schuiski: »Nicht Dimitri ist ein Betrüger, sondern Boris Godunow. Dieser Mensch begann als Heuchler und endete als Tyrann. Um sein Ziel zu erreichen, hat er Tausende getötet. Den einen aber, der alle rächen wird, konnte ich vor ihm retten.«

Die Verwirrung des Schreibers nahm zu. Schuiski sagte: »Ich sehe Fragen auf deinem Gesicht. Du fragst dich: Wie konnte der Bojar Schuiski wissen, daß Dimitri bedroht war? Meine Antwort: Boris zog mich in sein Vertrauen, denn er konnte nicht selber einen solchen Anschlag vorbereiten, ohne sich zu verraten. Nun wirst du sagen: Warum hat Schuiski den Anschlag nicht verhindert? – Weil Godunow zum Äußersten entschlossen war. Es gab nur einen Weg, Dimitri vor Boris in Sicherheit zu bringen: Ein anderer mußte an Dimitris Stelle sterben. Es mußte ein Kind gefunden werden, das der Mörder für Dimitri halten konnte. Ich fand dieses Kind, den Sohn eines Popen.«

Da sagte Grischa: »So ist also wahr, was das Volk erzählt, daß Istomin Dimitris Kleider trug und mit dem Zarensohn im Schloß von Uglitsch aufwuchs?«

Ein spöttisches Lächeln huschte über Schuiskis Gesicht. Er sagte: »Ein echter *und* ein falscher Dimitri in Uglitsch – das hätte jedem auffallen müssen. Boris hätte davon erfahren und beide töten lassen. Es durfte nur ein Dimitri im Schlosse sein. Davon konnte ich Marfa überzeugen. Sobald ein Knabe gefunden war, der Dimitri glich, wurde der Tausch in aller Heimlichkeit vollzogen.

Die Kinder waren erst drei Jahre alt und begriffen nicht, was mit ihnen geschah. Der Popensohn wuchs im Schloß auf, Dimitri im Haus des Popen. Istomin fiel dem Anschlag zum Opfer. Dimitri wurde auf das Wilde Feld gebracht und später nach Polen in ein Kloster. Dort lernte er Italienisch und Latein. Da er außer Russisch auch Polnisch sprach, nahm ihn der Woiwode von Sandomir, Pan Mnischek, in seine Dienste – bis man ihn erkannte. Ein Zufall war zu Hilfe gekommen. Nach einem Sturz vom Pferd lag Dimitri, der bis dahin unter einem anderen Namen gelebt hatte, bewußtlos auf der Erde. Man öffnete Rock und Hemd und fand das Taufkreuz, das Dimitri von seinem Paten erhalten hatte. Da gab Dimitri zu, er sei Dimitri. Daß er es war, wußte er seit der Flucht nach Polen. Mein Gewährsmann sagte es ihm in der Stunde, in der er ihm das Kreuz zurückgab, das ich dem dreijährigen Knaben abgenommen hatte, damit es ihn nicht verraten konnte.«

Schuiski nahm ein kleines Kästchen vom Tisch, an dem er saß, und machte es auf. Im Kästchen war ein Stein, der im Schein der Kerzen rötlich schimmerte.

»Im Licht des Tages ist er grün«, sagte Schuiski. »Diesen Stein nahm ich aus dem Taufkreuz und behielt ihn zum Beweis, daß ich mich des Zarensohns angenommen hatte. Du wirst Dimitri nun diesen Stein bringen. Mein Beauftragter hat ihm verschwiegen, wer ihn gerettet hat, um mich nicht zu gefährden. Ich habe es dir zugedacht, Dimitri aufzuklären. Du wirst ihm sagen, daß ich es war, der im Volk die Nachricht verbreiten ließ: Dimitri lebt. Sag ihm, daß ich auf dem Wilden Feld für ihn geworben habe. Er wird von dort Zuzug erhalten, sobald er nach Moskau aufbrechen wird, um Boris vom Thron zu stoßen. Sein Sturz ist seit langem vorbereitet. Ich habe Boris zu all dem gedrängt, wodurch er sich Haß und Feindschaft zuzog. Ich ließ die Silberbeile in rote umtauschen, um ihn zu erschrecken. Ich riet ihm zur Begegnung mit Marfa, die ihn als Verlierer im Kreml zurückließ.

Alles, wodurch er sich geschadet hat, tat er auf meinen Rat hin. Nun steht ein letzter Schachzug bevor. Sobald du in Polen eingetroffen bist, werde ich Godunow überreden, an den König von Polen zu schreiben, nun wisse man in Moskau, wer jener sei, der sich als Zarensohn Dimitri ausgebe – der Schreiber Grischa Otrepjew, der aus dem Kreml fortlief. Boris wird den Brief bedenkenlos absenden, weil er alles tut, wozu ich ihm rate. König Sigismund wird beide vor sich haben: Dimitri und dich. Und er wird an Dimitri die Merkmale sehen, nicht an Grischa Otrepjew. Ich habe dem König ein Bild Dimitris in die Hand gespielt. Ganz Polen wird über Boris lachen.«
In den Augen Schuiskis stand unverhüllter Haß. »Du wirst dich nun fragen«, sagte er, »wie es mir möglich war, so lange im Dienste Godunows zu bleiben. Die Antwort ist einfach: Ich habe ihm nur scheinbar gedient. Oft bleibt keine andere Möglichkeit als mitzuspielen und die Stunde abzuwarten, in der Widerstand nicht mehr das Leben kostet. Man darf sich nicht die kleinste Blöße geben.«
Grischa war von den Eröffnungen Schuiskis betäubt. Er fühlte sich seiner Freiheit beraubt. Der Bojar hatte alles so eingerichtet, daß der Schreiber den Auftrag übernehmen mußte. Schuiski gab ihm das Kästchen mit dem Stein. »Du wirst mit Dimitri nach Moskau zurückkehren – als Schreiber eines Zaren.«
Damit war Grischa Otrepjew entlassen. Zwei Stunden später saß er, als Kurier gekleidet und in Pelze eingeschlagen, in einem Schlitten mit guten Pferden. Er war mit Pässen und Geld versorgt, mit Anweisungen für die Poststationen. Der Weg war bis ins einzelne vorgeschrieben. Wassili Schuiski hatte alles bedacht. Nur ein Gedanke war ihm nicht gekommen: daß der junge Mensch, den er zu seinem Werkzeug ausersehen hatte, sich nicht als unbedingt brauchbar erweisen könnte.
Grischa haßte Boris Godunow. Aber diesem Bojaren, der das Volk so schamlos belogen hatte, konnte er kein Vertrauen ent-

gegenbringen. Nun hatte Schuiski zwar die Karten aufgedeckt; doch der Schreiber wußte zuviel über Kremlbräuche, um nicht den Verdacht zu hegen, daß falsche Karten unter den echten steckten.

Grischa hatte für seine Überlegungen viel Zeit. Als er die Grenze Polens überschritt, war er entschlossen, Dimitri vor seinem Retter zu warnen.

Zweiter Teil

Dimitri rüstet und zieht nach Moskau

I

Dimitri empfängt den Schreiber Grischa

Seit Dimitri ›entdeckt‹ war, lebte er als Gast des Woiwoden von Sandomir auf dessen Schlössern. Pan Mnischek feierte zu Ehren des Zarensohnes Feste, zu denen er die großen Pane Polens einlud, um sie ›mit dem Zaren von morgen‹ bekannt zu machen. Mnischek war ein Mann großer Worte. Er war auch ein Mann mit großen Schulden, denn er war ein Spieler, dem es um große Einsätze ging. Er genoß nicht den besten Ruf; aber da er Einfluß auf den König hatte, kamen zu ihm auch solche, die nicht viel von ihm hielten.

Das Schloß von Sandomir war von Neugierigen umlagert. Manche Leute kamen von weither, um den Zarensohn zu sehen. Sie wurden nicht enttäuscht, Mnischek ritt mit Dimitri oft aus, und alle bewunderten den jungen Reiter, der so sicher wie ein Kosak im Sattel saß. Immer bat er sich das feurigste Pferd aus. In ganz Polen wurde von ihm geredet. Das war das erste, was dem Schreiber Grischa auffiel, nachdem er die Grenze überschritten hatte.

Sobald er im Schloß von Sandomir ankam, ließ er sich bei Dimitri melden. Er wurde gleich vorgelassen. Ein Diener hatte Dimitri den Paß überbracht, den Schuiski für die Einführung mitgegeben hatte. Im Paß war Grischa als Kaufmann aus Moskau vorgestellt. »Und wer bist du wirklich?« fragte ihn Dimitri, sobald die beiden allein im Zimmer waren. Vor Grischa stand ein junger Mann von gedrungener Gestalt, der wie ein Pole gekleidet war. Er hatte ein breites, offenes Gesicht. Auffallend war der rötliche Glanz seiner Haare. Niemals hatte Grischa Augen gesehen wie die, mit denen er nun gemustert wurde.

Grischa nannte seinen Namen und fügte an, er sei der Schreiber des Patriarchen gewesen. »Bis vor kurzem.«

»Und wer schickt dich zu mir?«

»Der ergebene Bojar Schuiski.«

Grischa überreichte Dimitri das Kästchen. Dimitri machte es auf. Er sah den Stein, der nun, vom Tageslicht getroffen, leuchtend grün war.

»Wie kommt Schuiski zu diesem Stein?« fragte Dimitri.

»Er nahm ihn aus dem Taufkreuz und behielt ihn als Beweis.«

»Als Beweis wofür?«

»Daß er es ist, dem der Zarensohn seine Rettung verdankt«, sagte Grischa in einem Ton, der Dimitri aufhorchen ließ.

»Vermutlich ist es so«, sagte Dimitri. »Ich habe keinen Grund, daran zu zweifeln, auch wenn Schuiski es bis jetzt vor jedermann geheim hielt. Er lebt im Kreml unter den Augen des Mannes, der mich töten lassen wollte.«

Dimitri stellte das Kästchen mit dem Stein auf den Tisch. Dann sah er Grischa aufmerksam an und fragte: »Wie kommt es, daß Schuiski *dich* zu mir schickt?«

»Er hielt mich für geeignet«, antwortete Grischa.

»Und du bist es nicht?«

Da sagte Grischa heftig: »Ich war auf dem Roten Platz, als der Bojar den Tod Dimitris bekanntgab. Er sprach von einem Unglück. Er fand nichts dabei, das Volk zu belügen.«

»Die Wahrheit hätte ihm den Tod eingebracht«, sagte Dimitri ruhig. »Vermutlich auch mir. Ich bin über Schuiski unterrichtet. Die Maske des ergebenen Bojaren steht ihm. Was hast du gegen ihn?«

»Schuiski hat Godunow Ratschläge gegeben, die vielen das Leben kosteten, auch Feinden des ergebenen Bojaren«, erklärte Grischa. »Dieser Mann ist gefährlicher als Godunow. Er hat den Anschlag von Uglitsch mit auf dem Gewissen. Er wußte, daß ein Mord geplant war. Er zählt zu deinen Mördern.«

»Aber ich lebe doch«, sagte Dimitri mit einem Lächeln.
»Sie alle können dir gefährlich werden«, fuhr Grischa hartnäckig fort. »Ich war lange genug im Kreml, um sie kennenzulernen. Wenn du erst an deinem Platz bist, der dir zukommt, mußt du sie beseitigen, sonst werden sie dich töten.«
»Ich habe nicht vor, es ihnen gleichzutun«, sagte Dimitri ernst. »Rußland wurde lange genug in Schrecken gehalten.«
Grischa war erstaunt über Dimitris Gelassenheit. Er schien keine Angst zu kennen, obgleich er sein Leben lang bedroht gewesen und von einem Versteck ins andere geflohen war.
»Vergiß, was du in Moskau zurückgelassen hast«, sagte Dimitri so, als sei er seit langem mit Grischa bekannt. »Zu vieles liegt vor uns.«
In diesem Augenblick fiel es Grischa auf: Dimitris linker Arm war kürzer als sein rechter. Nun sah der Schreiber auch das kleine Muttermal schräg unter dem linken äußeren Augenwinkel. Dimitri bemerkte Grischas Blick. Belustigt sagte er: »Nun, sieht Dimitri wie Dimitri aus?« Dann fragte er: »Wie geht es dem Turmbauer?«
»Sein Turm ist fertig«, sagte Grischa. »Er ist höher als alle andern Kremltürme. Aber die Moskauer nennen den Turm nicht Boris, sondern den Großen Iwan.«
»Schuiskis Rechnung geht nicht auf«, sagte Dimitri. »Alle, die nur Rechner sind, verrechnen sich am Ende.«
Grischa berichtete Dimitri auch von der Unterredung, zu der Boris Marfa aus dem Kloster hatte holen lassen. »Auch das hat Schuiski sich ausgedacht. Er wollte Godunow eine Niederlage bereiten. Das ist ihm geglückt, denn Marfa wies Godunows Versprechungen zurück und sagte, sie glaube wie alle Russen, daß Dimitri lebe.«
»Und was tat Godunow?«
»Er schickte sie in das Kloster zurück.«
»Sie wird bald nach Moskau heimkehren«, sagte Dimitri. »Der

Stein ist ins Rollen gebracht. Ich habe hier viele Freunde gefunden, die mit uns nach Rußland ziehen werden. Vor allem zähle ich auf jene, die wie ich von Boris Godunow vertrieben wurden. Ich war sieben Jahre auf dem Wilden Feld versteckt. Die dort leben, würden niemals einen verraten, hinter dem die Spürhunde der Mächtigen her sind. Bei ihnen ging ich in die Schule. Sie setzten mich auf ihre Pferde. Sie sind meine Brüder.«

Grischa sagte Dimitri, daß auch Schuiski von den Kosaken gesprochen habe. »Er hat heimlich Leute auf das Wilde Feld geschickt, die Bundesgenossen für dich suchen sollen.«

»Du siehst, er denkt an alles«, sagte Dimitri. Nun holte er das Taufkreuz hervor. Er nahm den grünen Stein aus dem Kästchen. Der Feuersmaragd paßte genau in die Fassung, in der ein Stein fehlte.

Noch am gleichen Tag stellte Dimitri dem Woiwoden Mnischek den Kurier aus Moskau vor: »Das ist Grischa Otrepjew – von heute ab mein Schreiber.«

Mnischek überschüttete Grischa mit Fragen. Er wollte wissen, wie es mit Godunows Gesundheit stehe, welche Waffen die Kremlwachen trügen, ob in letzter Zeit Gesandtschaften gekommen seien und aus welchen Ländern. Ausführlich fragte er nach den Schatzkammern im Kreml. Grischa fand den Woiwoden unausstehlich, und er wunderte sich darüber, wie ruhig sich Dimitri Mnischeks Fragen anhörte.

2

Ein Zeuge für den Zarensohn

Pan Mnischek spielte sich als Zarenmacher auf, laut und mit Ausdauer. Überall erweckte er den Anschein, als sei es ihm zu verdanken, daß Dimitri wieder aufgetaucht sei. Er stellte ihn als ›Sohn des großen Zaren Iwan‹ vor, und wenn er von ihm sprach, so sagte er ›der Thronanwärter‹ oder ›der künftige Zar‹. Er tat so, als habe *er* Grischa aus Moskau hergeholt. In seinem Eifer ging er so weit, Dimitri aufzufordern, eingeladenen Panen das Taufkreuz zu zeigen, ›den sichtbaren Beweis, der alle Worte überflüssig macht‹. Er fand es nicht einmal unter seiner Würde, hinter dem Rücken Dimitris auf den kürzeren Arm und das Muttermal hinzuweisen. Es war allen unbegreiflich, warum Dimitri auf die Vorschläge einging, die Mnischek machte. Immerhin war er der gegebene Mann, den Zarensohn beim Polenkönig einzuführen. Und er war es gewesen, der sich ohne Zögern zu Dimitri bekannt hatte.

Es gab auch Pane, die kein Hehl daraus machten, daß sie Zweifel an der Echtheit des Zarensohnes hatten. Der Kanzler des Königs, Fürst Zamoiski, sprach von einer Komödie, deren Ausgang abzusehen sei. Und der Fürst Ostroschki, Kommandant von Krakau, erzählte allen, die es hören wollten: »Zum erstenmal ist der Betrüger Mnischek einem größeren Betrüger aufgesessen.« Ostroschki haßte Mnischek, jeder wußte das, daher wog die abfällige Bemerkung nicht schwer. Mehr bekümmerte es den Woiwoden, daß unter den Zweiflern auch sein eigener Schwiegersohn, Fürst Konstantin Wischnewetzki war. Fürst Konstantin hielt sich mit Äußerungen zurück, aber Mnischek gegenüber hatte er erklärt: »Das Taufkreuz ist eindrucksvoll, aber leider stumm. Ich warte auf einen Zeugen, der redet und den man zur Rede stellen kann.«

Ein solcher Zeuge trat unerwartet auf, während Fürst Konstantin in Sandomir zu Gast war. Die Nachricht, daß aus Moskau ein Kurier gekommen sei, den Dimitri als Schreiber angenommen hatte, hatte sich rasch verbreitet. Dafür hatte Pan Mnischek gesorgt. Scharenweise kamen Leute aus benachbarten Dörfern, um Dimitri samt seinem Begleiter zu sehen. Sie hielten sich in gehörigem Abstand. Von Mnischek wurde die Belagerung des Schlosses stillschweigend geduldet.

Eines Morgens tauchte ein Bauer auf, der die ganze Nacht unterwegs gewesen war. Er stellte sich nicht zu den Gaffern, sondern ging ins Schloß. Als man ihn aufhielt, verlangte er: »Laßt mich den Zarensohn Dimitri sehen, ich kenne ihn; denn ich bin in Uglitsch gewesen – zu jener Zeit.«

Es gab Lärm, der bis zu Mnischek und zum Fürsten drang. Mnischek befahl, den Bauern vorzulassen. Als der Bauer in den Raum trat, fuhr der Pan ihn mit gespieltem Unmut an: »Was fällt dir ein, dich vorzudrängen!«

Der Bauer ließ sich nicht irre machen. Eifrig erklärte er: »Ich kann es bezeugen, wenn er der Zarensohn ist und nicht ein Betrüger.«

»Woher willst du ihn kennen?« mischte sich Fürst Konstantin ein.

»Ich war in Uglitsch, im Schloß, fünf Monate lang, vom September bis zum April.«

»Wann soll das gewesen sein?«

»Vor siebzehn Jahren. Der Zarensohn war drei Jahre alt. Ich habe ihn jeden Tag gesehen, weil ich Holz zum Heizen der Kamine ins Schloß zu tragen hatte.«

»Und wenn *du* ein Betrüger bist, ein Wichtigtuer?« wandte der Fürst ein.

»Herr«, verwahrte sich der Bauer und hob den Kopf. »Hier steht der Bauer Dygat. Der ist kein Lügner. Als ich zwanzig Jahre alt war, marschierte ich mit dem Polenheer nach Rußland. Dort wurde ich verwundet.« Der Mann machte seinen Rock und sein Hemd auf und deutete auf eine breite Narbe auf seiner Brust. »Als ich wieder zu mir kam, war ich der Gefangene Dygat, und der wurde an verschiedene Orte gebracht, zuletzt nach Uglitsch. Dort lebte im Schloß die Zarenwitwe mit ihren beiden Brüdern, den Fürsten Nagoj und dem Zarensohn. Dimitri war ein Kind, das unter hundert Kindern aufgefallen wäre. Er hatte Haare hell wie Feuer. Unterm linken Auge hatte er ein Muttermal, das fürs ganze Leben bleibt, und der eine Arm war kürzer. Welcher es war, das kann ich nicht mehr sagen. Aber eines weiß ich: daß es solche Augen, wie dieses Kind sie hatte, nicht noch einmal gibt. Als der Bauer Dygat längst heimgekehrt war, wurde davon geredet, der Zarensohn Dimitri sei umgebracht worden. Da habe ich eine Woche lang geweint. Und wenn es nun nicht so ist, und der Zarensohn ist noch am Leben, dann wird der Bauer Dygat sich freuen bis an sein Lebensende.« Er sah im Raum umher und fragte: »Wo habt ihr ihn, daß ich ihm meine Freude zeige!«
Fürst Konstantin und Mnischek waren betroffen. Mnischek schickte zu Dimitri und bat ihn, mit seinem Schreiber zu kommen. Dimitri und Grischa waren nicht darauf vorbereitet, außer dem Fürsten noch jemanden bei Mnischek anzutreffen. Sobald der Bauer Dimitri zu Gesicht bekam, starrte er ihn an.
»Er ist es«, flüsterte der Bauer Dygat.
»Irgendwo habe ich dich schon gesehen«, sagte Dimitri und versuchte sich zu erinnern.
»Immer wolltest du eines von den Scheiten, wenn ich mit dem Holz kam«, sagte der Bauer. »Die Scheite waren deine Pferde. Du hast ihnen allen Namen gegeben.«
Er dachte nach, man sah es ihm an. Es fiel ihm keiner der Pferdenamen ein. Er schüttelte den Kopf.

»Ich komme nicht auf *deinen* Namen«, sagte Dimitri.
Da sagte der Bauer: »Alle habt ihr Petruschka zu mir gesagt.« Er machte ein paar Schritte auf Dimitri zu, griff nach seinen Händen und wollte sie küssen. Dimitri ließ es nicht zu. Er hielt den Mann an den Schultern fest und sagte: »Petruschka, kommst du noch einmal mit nach Rußland?«
»Wohin immer du gehst«, sagte der Bauer. Er sah sich nach dem Woiwoden um. »Wenn mein Herr es mir erlaubt.«
Mnischek nickte ihm zu und tauschte mit Fürst Konstantin einen Blick. Er versprach, den Bauern Dygat im Schloß zu behalten. »Bis der große Vormarsch auf Moskau beginnt.«
Die Nachricht, daß ein Pole Dimitri ›erkannt‹ habe, sprach sich weit und mit Windeseile herum. Ermittlungen ergaben, daß der Bauer Dygat zu jener Zeit in Rußland als Gefangener gewesen war und immer vom Zarensohn gesprochen hatte, von der Zarenwitwe und den beiden Fürsten Nagoj, besonders nach jenem unheilvollen Tag.
Fürst Konstantin gab nun seine Zweifel auf.
In der nächsten Zeit kamen auch von weither Neugierige nach Sandomir. Der Andrang wurde so groß, daß Pan Mnischek den Zutritt zum Schloß erschwerte. Einige Diener wurden bewaffnet und erhielten den Auftrag, Dimitri zu schützen. Dimitri erhob Einspruch.
»Ich bin gern dein Gast, Pan Mnischek«, erklärte er. »Zum Gefangenen deiner Vorsicht möchte ich nicht werden.«
Er ritt wie früher aus und sprach mit jedem. »Noch sind wir nicht in Rußland«, sagte er und verbot auch Grischa, eine Waffe zu tragen. Ihn behandelte er nicht wie seinen Schreiber, sondern ging mit ihm wie mit einem Freund um. Mit Grischa sprach er russisch, während er mit den Polen nur polnisch sprach, auch mit den Panen.

3

Dimitri beim Polenkönig

Anfang März zog Mnischek mit großem Gefolge in sein Krakauer Stadthaus um. Der Woiwode hatte König Sigismund davon überzeugt, daß es ein Gebot der Klugheit sei, dem Zarensohn Beweise aufrichtiger Freundschaft zu geben. »Die Tage, die wir jetzt nicht ungenützt verstreichen lassen, werden uns fröhliche Jahre einbringen«, hatte der Pan dem König versichert. König Sigismund hatte alle Nachrichten über Dimitri überprüfen lassen. Auch der Bauer Dygat war vorgeladen und vernommen worden. Die Bedenken des Königs waren zerstreut. Er wies die Zweifel seines Kanzlers zurück. Und als gemeldet wurde, Boris Godunow werde eine Gesandtschaft nach Polen schicken, um den falschen Dimitri zu entlarven, erklärte der König: »Ein erstaunlicher Aufwand um einen Betrüger! Der Herr im Kreml muß Gründe haben, besorgt zu sein.«

Am 10. März meldete Fürst Konstantin dem König, ihm sei über mehrere Mittelsmänner eine beträchtliche Summe angeboten worden für den Fall, daß er Dimitri an einen bestimmten Ort bringen ließe. Offenbar hatten die Auftraggeber von den Zweifeln des Fürsten gehört und geglaubt, er werde die Gelegenheit ergreifen, seiner Familie einen Schwindler vom Halse zu schaffen. Fünf Tage später empfing der König Dimitri in privater Audienz. Dimitri war nur von Mnischek begleitet, der später bereitwillig den Hergang erzählte.

Der König kam Dimitri entgegen und sagte mit fröhlichem Gesicht: »Willkommen, Dimitri! Ich freue mich, den Sohn des hochberühmten Zaren Iwan bei mir zu sehen.«

Dimitri betonte, wie groß für ihn die Ehre sei, vom König Polens empfangen zu werden. Er sprach die Hoffnung aus, daß in Zukunft die Freundschaft zwischen Russen und Polen niemals gestört werden möge. »Ich werde dafür tun, was ich vermag«, versicherte Dimitri.

König Sigismund ging rasch von den Höflichkeitsformeln ab, die bei Empfängen üblich waren und wandte sich nützlichen Gesprächen zu. Dabei wurde Dimitris Absicht erörtert, sobald wie möglich nach Rußland zurückzukehren und nach Moskau zu ziehen. Dafür zeigte der König Verständnis. Freilich sei ihm als dem König eines Volkes, das mit den Russen in Freundschaft lebe, Zurückhaltung auferlegt; jedem Polen aber, ob Pan ob Bauer, stehe es frei, sich am Vormarsch auf Moskau zu beteiligen. Aus der königlichen Kasse wurde an Dimitri ein namhafter Betrag zur Bestreitung von Unkosten ausbezahlt.

»Ein königliches Darlehen, das ein Zar zurückerstatten wird«, bemerkte Mnischek.

Hochgestimmt kehrten Dimitri und der Pan nach dem Empfang in das Stadthaus zurück. Der Woiwode feierte das Ereignis als einen Sieg, von ihm herbeigeführt. »Nun ist die Bahn für alles weitere frei«, erklärte er mit fiebrig glänzenden Augen. Über Einzelheiten schwieg er sich aus. »Godunow hat die erste Niederlage erlitten. Eine weitere wird bald folgen.« Er spielte auf die Gesandtschaft aus Moskau an, die jeden Tag eintreffen konnte.

Am 23. März wurde dem König gemeldet, die Gesandtschaft sei in Krakau angekommen, ein beachtliches Aufgebot von ausgewählten Männern, unter ihnen die Bojaren Kleschin und Wylusgin, die mit Schuiski in Uglitsch Gericht gehalten hatten, und der Metropolit von Nowgorod, der das Vertrauen Godunows besaß. Vertreter der weltlichen und der geistlichen Macht sollten den Betrüger in die Schranken weisen. Mnischek hatte seine Späher ins Gesandtschaftshaus geschickt. Sie kamen mit einer Nach-

richt, die Grischa in große Aufregung versetzte. Zur Gesandtschaft gehörte sein Onkel Smirny-Otrepjew. Dimitri beruhigte Grischa: »Daraus ist zu sehen, daß Godunow auf Schuiskis Reden hereingefallen ist.«
Mnischek triumphierte. »Das wird ein Schauspiel geben, an dem alle ihr Vergnügen haben werden, alle außer den Gesandten Godunows.« Er hatte sofort einen Plan gefaßt. Voll Eifer erklärte er ›die Posse‹, die er zu inszenieren gedachte. Der Pan ließ sich beim König melden. Als er aus dem Schloß zurückkam, rieb er sich die Hände. »Der König hat mir freie Hand gegeben«, verkündete er. »Er ist mit der Folge der Auftritte einverstanden, auch damit, daß sich der Vorhang erst gegen Ende des Spieles heben wird.«
Auch bei Dimitri und bei Grischa, dem eine wichtige Rolle zugedacht war, fand Mnischeks Plan Beifall. Als Bühne war der große Audienzsaal vorgesehen.

4

Die Gesandtschaft aus Moskau

Am folgenden Morgen, eine Stunde vor Mittag, versammelte sich der gesamte Hofstaat. Auch geistliche Würdenträger waren eingeladen. An ihrer Spitze Graf Rangoni, der Legat des Papstes. »Alle Ränge sind besetzt«, flüsterte Mnischek Dimitri zu, der neben ihm stand. Grischa hatte gegenüber seinen Platz, für jedermann gut sichtbar. Es war ein glanzvoller Rahmen für einen großen Auftritt. Der König nahm auf dem Thronsitz Platz. Die Gesandtschaft wurde eingelassen. Die Russen kamen in schweren Pelzen. Sie wirkten wie Bären in einer farbenprächtigen Arena.

Der Glanz, den sie erblickten, ließ ihre Augen leuchten. Sie fühlten sich durch den Aufwand geehrt. Mit tiefen Verbeugungen rückten sie vor.

Der König begrüßte die Gesandtschaft mit den üblichen Formeln. Der Bojar Wylusgin antwortete mit eingelernten Sätzen, nach ihm der Bojar Kleschin.

Nun trat Wylusgin vor und bat den König, eine Botschaft des Zaren entgegenzunehmen. Der Kanzler nahm den Brief. Der König befahl, das Schreiben zu verlesen. Das war nicht üblich. Botschaften wurden stets geheim beraten, ehe jemand davon erfuhr. Die Bojaren sahen einander an. Der Metropolit aber trat vor den König und sagte mit erhobener Stimme: »Ja, Herr, laß diese Botschaft nur verlesen! Jeder mag erfahren, was ein russischer Betrüger sich in diesem Land erlaubt.« Ein Sprecher verlas nun das Schreiben des Zaren und übersetzte Satz um Satz: »Wir haben erfahren, daß auf den Schlössern deiner Pane ein junger Mensch ein- und ausgeht, der sich für Dimitri, den Sohn des Zaren Iwan, ausgibt. Wir wissen, wer dieser Betrüger ist: der davongelaufene Kremlschreiber Grischa Otrepjew, der vieles in Erfahrung bringen konnte, was den unglücklichen Zarensohn betrifft. Sobald er sich genügend vorbereitet glaubte, verschwand er aus dem Kreml und aus Rußland, um in Polen mit dem unerhörten Anspruch aufzutreten, ihm stehe die Zarenkrone zu. Grischa Otrepjew ist ein Abenteurer, frech, erfinderisch und ohne jede Scham. Übrigens gibt es Kennzeichen, die an Dimitri zu finden waren und die dem Betrüger fehlen. Der Zarensohn hatte ein Muttermal unter dem linken Auge, und sein linker Arm war kürzer als der rechte. Der Betrüger hat dunkles Haar und dunkle Augen, während Dimitri blond und grauäugig war. Du weißt nun, mit wem du es zu tun hast. Schick den Entflohenen hierher,

damit er seine Strafe empfange und nicht den Frieden verderbe, der zwischen unsern Völkern besteht.«
Die Russen hatten mit Genugtuung bemerkt, daß die Botschaft des Zaren ihre Wirkung nicht verfehlte. Sie wurde in atemloser Stille angehört. Die Spannung wuchs, weil der König schwieg. Schließlich sagte er: »Ich bin erstaunt, ihr Herren, daß bei so genauer Beschreibung Dimitri nicht erkannt wird; denn er ist hier im Saal!«
Nun reckten sich die Köpfe. Der Bojar Wylusgin rief: »Da steht er, der Betrüger, der davongelaufene Schreiber!« Er ging heftig auf Grischa zu. »Willst du leugnen, daß du Grischa Otrepjew bist?«
Grischa ließ ihn ohne Antwort, so hatte Mnischek das vorgesehen. Da deutete Wylusgin auf Smirny-Otrepjew und sagte laut: »Dieser ist ein Onkel des Schreibers und wird ihn nun entlarven.«
Smirny-Otrepjew sagte: »Gib es zu, Grischa, daß du mein Neffe und der Schreiber Grischa-Otrepjew bist!«
»Das bin ich«, sagte Grischa ruhig.
Die Russen waren verblüfft. »Du gibst dich also nicht für Dimitri aus?« fragte Smirny-Otrepjew.
»Warum sollte ich das tun?«
»Aber warum bist du dann aus Moskau fortgelaufen?«
»Weil ich erfuhr, wo sich Dimitri aufhält. Ich lief zum Zarensohn über, das gebe ich zu.«
»Und wo hält sich dein Zarensohn versteckt?« fragte Kleschin höhnisch.
»Er hält sich nicht versteckt«, sagte nun Pan Mnischek und wies auf Dimitri, der neben ihm stand.
Jeder konnte sehen, wie genau die Beschreibung, die der Zar von Dimitri gegeben hatte, auf den jungen Mann zutraf, den Mnischek vorstellte. Die Russen starrten ihn wie eine Erscheinung an.

»Ihr Russen«, sagte Dimitri mit russischen Worten, »der Mann, von dem ihr geschickt seid, muß euch belogen haben – oder er kennt selbst die Wahrheit nicht; denn ich bin seinem Anschlag, den er vor dreizehn Jahren gegen mich ausführen ließ, glücklich entgangen. Sagt diesem Mann: Noch ehe dieses Jahr zu Ende geht, werde ich nach Rußland zurückkehren und von ihm fordern, was er sich zu Unrecht genommen hat.«

Die Russen waren ratlos. Der Bojar Wylusgin raffte sich auf. Er schrie: »Betrug!«

»Das ist ein Spuk der Hölle!« rief der Metropolit. »Weiche, du verfluchtes Trugbild!« Er hob beschwörend seine Arme. »Dein Eifer blendet dich«, sagte Dimitri ruhig. »Komm her und sieh mich an.« Als der Metropolit sich nicht bewegte, ging Dimitri auf ihn zu, holte das Taufkreuz hervor und hielt es ihm unter die Augen. Da ergriff der Metropolit die Flucht, und mit ihm flohen alle Russen aus dem Saal.

5

Die geheimen Berater

»Von dieser Niederlage wird sich Godunow nicht mehr erholen«, posaunte Mnischek aus. Viele stimmten ihm zu, sogar der König. Die Gesandtschaft aus dem Kreml, die so siegessicher aufgetreten war, hatte kläglich das Feld geräumt. Im Schreiber Grischa hinterließ das einen Stachel. Es setzte ihm zu, daß es Russen waren, die sich lächerlich gemacht hatten.

»Du scheinst den Abzug dieser Helden zu bedauern«, sagte Dimitri.
»Sie haben sich schlecht geschlagen«, sagte Grischa.
»Je schlechter, desto besser für unsere Sache«, meinte Dimitri. »In ihnen hat sich Godunow lächerlich gemacht.«
»Nicht nur er, ganz Rußland«, widersprach Grischa, »in den Augen vieler Polen. Sie sehen ohnehin auf uns Russen herab.«
Dimitri verbesserte ihn: »Nur auf gewisse Russen. Dabei sind sie im Recht. Verdienen diese beiden Bojaren Kleschin und Wylusgin etwa nicht, daß man sie verachtet? Ist dieser Metropolit nicht ein erbärmliches Werkzeug! Zu allem wird er sich bereit erklären, wenn er sich einen Vorteil davon versprechen kann. Sind nicht die meisten geistlichen Würdenträger so – bis auf wenige, die in Klöstern leben und sich von der Welt zurückgezogen haben? Du weißt, was unser Volk von seinen Popen hält. Die meisten können weder lesen noch schreiben, sie betrinken sich und fluchen, und damit die Heiligen es nicht sehen sollen, wie sie's in den Fastenzeiten treiben, kehren sie die Ikonen mit dem Gesicht zur Wand, ehe sie sich zum Prassen niedersetzen. Ist es nicht Brauch bei ihnen, an bestimmten Tagen Vögel aus Käfigen freizulassen und zu behaupten, so würden sie ihre Sünden los! Sie finden nichts dabei, sogar Sterbende zu betrügen, mit Kreuzen aufeinander loszugehen und sich damit zu verprügeln, für Geld auch Ziegen und junge Hunde zu taufen und einander den Verdienst abzujagen, wo es immer angeht! Wolfsrachen und Popenaugen – nimmersatte Höhlen, so wird gesagt, mit Recht! Ist nicht der Patriarch von Moskau der käuflichste von allen Popen?«
Grischa erwiderte nichts. Er kannte die Popen, er kannte Hiob.
»Und solche«, fügte Dimitri mit Schärfe an, »fühlen sich im Alleinbesitz des rechten Glaubens. Wer sich beim Beten nicht der Formeln bedient, die sie gebrauchen, den verdammen sie. Alle andern halten sie für schlecht, nur weil sie anders sind. Dabei

kommt nur selten ein Russe in ein fremdes Land, um selber zu sehen, wie die andern leben. Soll das immer so bleiben? Was in meiner Macht steht, werde ich tun, um das zu ändern.« Leidenschaftlich sagte Dimitri: »Ich bin ein Russe wie du, ich hänge an meinem Volk wie alle Russen. Aber nicht die lieben ihr Volk am meisten, die es über andere Völker stellen, ohne diese Völker zu kennen. Nicht der tut seinem Volk den größten Dienst, der seine Fehler leugnet, sondern der bereit ist, dagegen anzugehen. Ich bin Schuiski dankbar, daß er mich auf dem Wilden Feld versteckt hat. Dort habe ich die Besten meines Volkes getroffen. Sie werden Rußland ändern. Hier im Westen sah ich vieles, was es bei uns nicht zu sehen gibt. Hier ging ich bei Männern in die Schule, die in Rußland keinen Zutritt haben.«

Während der Wochen in Krakau lernte Grischa diese Männer kennen. Es waren die Patres, die Dimitri ausgebildet hatten. Er wurde häufig von ihnen besucht, und er ging zu ihnen, oft auch in der Nacht. Auf solchen Gängen nahm er Grischa nicht mit. Die Patres traten anders als die Pane auf. Was sie zu sagen hatten, brachten sie ruhig vor, und Dimitri hörte ihnen aufmerksam zu. Jeder Einwand wurde abgewogen. Niemals fiel ein verächtliches Wort, wenn über Rußland gesprochen wurde, über das sich die Pane sehr oft abfällig äußerten. Die Patres sprachen russisch. Sie hatten Gesandtschaften nach Moskau begleitet und nicht nur mit Bojaren und Metropoliten gesprochen, sondern auch mit Leuten aus dem Volk. Sie liebten die Russen, das war unverkennbar.

Einer von ihnen war Pater Sawitzki. Mit ihm war Dimitri befreundet. Sawitzki hatte jahrelang am Dnjepr gelebt. Er hatte nicht gepredigt, sondern das Leben der Kosaken geteilt. Er wußte, wie diese Ausgestoßenen dachten, und setzte große Hoffnungen in sie.

»Dort am Dnjepr, am Donez und am Don«, sagte Sawitzki, »haben Fürsten und Bojaren nichts zu sagen. Überkommene Vor-

rechte gelten dort nicht. Die dort leben, sind frei, und sie lieben ihre Freiheit. Auf dem Wilden Feld wächst ein neues Rußland.«
Grischa verstand, daß Dimitri auf solche Männer hörte.
»Sie hielten mich versteckt«, sagte Dimitri, »vier Jahre lang. Bei ihnen war ich sicher, auch als überall davon geredet wurde, ich sei dem Anschlag Godunows entkommen. Die Patres wußten, wer ich war.«
Mnischek, der jeden Schritt Dimitris überwachte, war unbesorgt, wenn Dimitri zu den Patres ging und oft erst mitten in der Nacht zurückkam. Einige Male besuchte Dimitri auch den Grafen Rangoni. Er rühmte die Überlegenheit und Toleranz des Legaten. »Graf Rangoni hat mir die Brüder Butschinski empfohlen, obgleich sie Protestanten sind. Unvorstellbar, daß ein Metropolit einen Mann empfehlen könnte, der in seinen Augen ein Ketzer ist!«
Dimitri verhehlte nicht, daß er in den Patres seine besten Bundesgenossen sah. Dennoch hatte Grischa das Gefühl, als verheimliche Dimitri etwas vor ihm, das mit diesen Männern zusammenhing.

6

Die polnischen Pane

Die Pane, die für Dimitri eintraten, wollten für ihn ein Heer aufstellen und mit dem Zarensohn nach Moskau ziehen. Für ihre Dienste sollte er sie mit Rubeln abfinden – und mit russischer Erde. Sie hatten schon immer mit begehrlichen Blicken das große

Nachbarland im Osten betrachtet, und oft waren sie mit Waffen dort eingedrungen. Nun bot sich ihnen eine Gelegenheit, vielversprechend wie keine zuvor.
Die Pane sahen die Sache so: Wir haben einen verfolgten Zarensohn bei uns aufgenommen und verhelfen ihm zu seinem Recht. Dafür soll er bezahlen. Ihre Ansprüche erhoben sie bereits, als die Aufstellung des Heeres beraten wurde. Sie verlangten ganze Städte samt zugehörigem Land, samt Dörfern, Wäldern, Äckern und Weiden. Noch ehe ein Soldat für Dimitri bereitstand, gab es zwischen einzelnen Panen hitzige Gefechte um den Besitz solcher Bojaren, die ihren Reichtum Godunow verdankten. Sie sollten wieder zu Habenichtsen werden. Die Pane taten so, als sei nichts weiter nötig, als mit Dimitri die Grenze zu überschreiten und sich zu nehmen, wonach ihnen der Sinn stand. Bei ihren Zusammenkünften traten sie so schamlos auf, daß Grischa immer wieder erwartete, Dimitri werde aufstehen und sie zum Teufel jagen. Er tat es nicht.
Bei diesem Treiben stellte der großmächtige Pan Mnischek alle andern in den Schatten. Seine Frechheit wirkte entwaffnend. Jeder wußte, daß der Woiwode von Sandomir mehr Gläubiger hatte als ein Hofhund Flöhe; streng genommen gehörte ihm nicht ein Baum in seinen Wäldern, nicht ein Stein von seinem Stadthaus. Nur weil er Pan war und der König über ihn seine Hand hielt, saß er nicht im Gefängnis.
Dieser Mnischek hatte die Stirn zu sagen: »Sollte der Emporkömmling Godunow es wagen, unsern Vormarsch aufzuhalten, so wird es ihm wie seiner Gesandtschaft ergehen. Man kennt seine Heerführer: ehrgeizige Tölpel, die mehr aufeinander als auf den Gegner losschlagen, da Boris jede Kommandostelle zweimal besetzt. Man kennt seine Soldaten: halbverhungerte Kerle, die überlaufen, wenn ihnen jemand mit einem Stück Brot winkt. Pan Mnischek ist im Bilde, er hat sich vergewissert. Er wird den Feldzug so vorbereiten, daß er wie ein Gewitter abrollt, bei dem

die Blitze gezielt fallen werden – dort, wo sie Boris am schwersten treffen!«

Es waren immer die gleichen Pane, die im Stadthaus Mnischeks zusammenkamen. Bei der vierten Beratung wurde festgelegt, wie viele Soldaten jeder Pan stellen sollte. Ein Heer von zwölftausend Mann sollte im frühen Herbst durch das südliche Litauen, zu dem auch Kiew gehörte, nach Rußland marschieren und vom Unterlauf des Dnjepr auf Moskau vorrücken.

Einer der Pane, Zanotzki, regte an, noch weitere Pane für den Feldzug zu gewinnen. Mnischek fuhr ihn an: »Was braucht Dimitri Zweifler! Er hat uns. An uns werden sich seine Russen ein Beispiel nehmen.«

Auch diese Unverfrorenheit nahm Dimitri ruhig hin. Er dankte den Panen für ihre Bereitschaft mit Worten, die glatt in die Ohren gingen.

Mitte Mai glaubte Mnischek in Krakau alles vorbereitet. Er kehrte mit Dimitri nach Sandomir zurück. Und dort ging allen, auch dem Schreiber Grischa, mit einem Schlag auf, was den Zarensohn an diesen Menschen band, der so eifrig als sein Wegbereiter auftrat.

Pan Mnischek hatte eine Tochter, deren Hand noch zu vergeben war. Sie hieß Marina und war sehr schön. Nun stand sie auf der Schloßtreppe, um ihren Vater und sein Gefolge zu begrüßen. Als sie die Treppe herabkam, bewunderte auch Grischa, der sie noch nie gesehen hatte, ihre blendende Erscheinung. Gleich darauf bemerkte er, mit welchen Blicken Dimitri Marina ansah. Grischa sah Mnischek lächeln. Da löste sich das Rätsel: Dimitri liebte Marina. Die Liebe zur jüngsten Tochter Mnischeks hatte den Zarensohn blind für die Absichten des Woiwoden gemacht.

Marina spielte glänzend mit ihrem Vater zusammen. Sie gab sich spröde und nahm Dimitris Geschenke mit einem Lächeln an, das ihn zu neuen Geschenken antrieb. Je mehr du die Katze streichelst, desto höher krümmt sie den Rücken, dachte der Schreiber.

Diese Frau würde keiner jemals durchschauen, und wäre sie aus Glas.
Der Woiwode wurde beneidet. Wer das Glück hat, dem legt ein Hahn, so sagte man von ihm.
Mitte Juni veranstaltete er den Umzug nach Sambor, seinem Lieblingssitz, wo er bis zum Beginn des Feldzugs bleiben wollte. In Sambor wurde zwischen Dimitri und Mnischek ein Vertrag unterzeichnet. Im Vertrag war festgelegt, daß die Panin Marina bereit sei, mit dem Zarensohn Dimitri die Ehe einzugehen, ›wenn es dem gütigen Gott gefallen sollte, Dimitri auf den Zarenthron zu führen‹. Dimitri versprach, Nowgorod und Pleskau samt zugehörigen Ländereien an Marina abzutreten, Smolensk und Sewerien an Mnischek, dazu eine volle Million Rubel, eine Summe, mit der selbst Mnischeks Schulden aus der Welt zu schaffen waren. Noch nie war ein derart einseitiger Vertrag von so großer Tragweite abgeschlossen worden. Der Woiwode von Sandomir konnte sich zufrieden geben.
Ende Juni feierte er auf dem Schloß von Sambor ein Fest mit einem Aufwand ohnegleichen. Die Speisen wurden auf goldenen Tellern vorgesetzt. Der Wein floß aus silbernen Brunnen. Marina saß an Dimitris Seite, und um Mitternacht gab Mnischek seinen Gästen bekannt, daß er in Dimitri seinen künftigen Schwiegersohn begrüße, in Marina die künftige Zarin Rußlands. Die offizielle Verlobung solle dann gefeiert werden, wenn der Sohn Iwans in Moskau eingezogen sei, die Hochzeit ein halbes Jahr darauf. »Denn große Dinge brauchen ihre Zeit«, schloß der Woiwode seine Rede und hob einen vollen Becher. Alle tranken ihm zu. Marina und Dimitri wurden umjubelt.
Ein Vierteljahr war vergangen, seit der Feldzug in Krakau beschlossen worden war. Die Truppen sollten im Juli um Sambor bereitstehen. Bisher hatten sich nur die Pane eingefunden, die sich als Heerführer fühlten. Anfang Juli stellte sich heraus, daß nicht zwölftausend, sondern im Höchstfall dreitausend Solda-

ten aufzutreiben waren, davon tausend Reiter. Fürst Konstantin trat dafür ein, den Feldzug zu verschieben. Zanotzki schloß sich den Bedenken an. Da erhob sich Mnischek und ereiferte sich: »Was bedeuten einige tausend Mann mehr oder weniger! Entscheidend ist die Stunde. Sie zu versäumen, wäre unverzeihlich. Wir haben Nachrichten, daß man uns erwartet. Es bedarf nur des Funkens, dann wird der Brand ausbrechen, in dem Boris und seine Sippe untergehen wird.« Sein Gesicht stand in Flammen, als er gellend schrie: »Wir werden Feuer legen!«

Grischa fragte Dimitri später, auf welche Weise Pan Mnischek denn Feuer legen wolle.

»Mnischek ist ein Mann mit Einfällen«, sagte Dimitri. »Er hat Tausende von Flugblättern, in Getreidewagen versteckt, in Rußland eingeschmuggelt. Davon verspricht er sich viel.« »Mehr als von den Soldaten, die er auf die Beine bringt?« fragte der Schreiber in spöttischem Unterton.

Da meinte Dimitri: »Wir sind nicht auf Mnischeks Soldaten angewiesen. Ich habe Nachricht, daß viele Hundertschaften vom Dnjepr und Don hierher unterwegs sind. Wir werden an der Spitze von Kosaken in Moskau einziehen.«

7

Das Aufgebot

Die Kosaken kamen. Täglich trafen neue Hundertschaften ein. Sie kamen auf Pferden, denen der weite Weg nicht anzusehen war. Die Waffen über ihren Köpfen schwenkend, so ritten sie ins Lager ein. Auf leichten Wagen führten sie Proviant mit, auch eine Futterreserve für die Pferde. Ein Kosak denkt erst dann an seinen Hunger, wenn sein Pferd zu fressen hat.

Diese Kosaken waren rauhe, lärmende Burschen, die gern tranken und spielten. Sie waren Leute, die sich zu helfen wußten, in jeder Lage. Sie verstanden sich darauf, aus Lehm und Feldsteinen, Grasbüscheln und Ästen Behausungen zu bauen. Wer nicht in umliegenden Dörfern unterkommen konnte, errichtete sich eine solche Hütte, falls er sich nicht lieber unter einem Baum niederließ oder einfach den Himmel als Dach nahm, auch für die Nacht. Weil es kaum regnete und der Sommer bis weit in den September hinein anhielt, brauchte keiner zu frieren.

Mitte September hatten sich zweitausend Kosaken eingefunden. Ihr Auftauchen bewirkte, daß nun auch Polen kamen, die mit nach Rußland ziehen wollten. Etwa siebenhundert Reiter und ebenso viele Soldaten ohne Pferde versammelten sich im polnischen Lager. Die Pane hatten verlegene Gesichter, wenn Dimitri ihre Häufchen musterte. Nur Mnischek blieb bei seinen Prahlereien: »Diese tapferen Polensöhne werden die Kremltore für Dimitri öffnen. Ist auch ihre Zahl nicht groß – ihr Mut ist ohne Grenzen.«

Dimitri lobte die Polen, die gekommen waren. Er verlor kein Wort über ihre mangelhafte Ausrüstung und den Zustand ihrer Pferde. Er setzte auf die Kosaken. Bei ihnen war er täglich. Die meisten konnte er sehr bald mit ihrem Namen anreden. Er ritt mit ihnen, und sie staunten, wie gut er ritt. Er sprach wie sie, sie betrachteten ihn als einen der Ihren, auch den Pater Sawitzki und den Schreiber Grischa. Je näher der Tag des Aufbruchs rückte, desto mehr verwandelten sich die drei in Kosaken. Manche Nacht schliefen sie auf freiem Feld wie die Männer vom Dnjepr und Don. Bis tief in die Nächte saßen sie an den Lagerfeuern. Dort wurde gelogen und gelacht, gesungen und getanzt und Theater gespielt. Einer spielte den ›frommen Kosaken beim Aufbruch von der Schenke‹. Er trat mit unsicheren Schritten in den Feuerschein. »Auf Wiedersehen, Wirt!« rief er übermütig und winkte zurück. »Nun halt still, mein Pferdchen!« sagte der Kosak, griff nach einem Zügel, zog den Sattelgurt fest – alles ohne Pferd, ohne Sattel und Zügel. Er versuchte, auf das Pferd zu kommen, es klappte nicht. »Warum wollt ihr nicht, ihr Beine?« schimpfte der Kosak, »warum drehst du dich, du Kopf! Nun halt doch still, Steigbügel!« Er hüpfte mit dem rechten Fuß auf der Stelle, fischte mit dem linken nach dem Steigbügel – und hatte ihn endlich. »Und nun helft mir in den Sattel, ihr vierzehn Nothelfer!« rief der Kosak mit einem Blick nach oben, stieß sich gewaltig ab, und der Schwung war so groß, daß er über das Pferd flog – auf der anderen Seite wieder herunter. »Aber doch nicht alle vierzehn auf einmal!« tadelte er die Nothelfer, stand ächzend auf, und die Zuschauer schüttelten sich vor Lachen, so gut hatte der Kosak den Benebelten gespielt.

An den Lagerfeuern kam auch heraus, wodurch die einzelnen auf das Wilde Feld getrieben worden waren.

»Ich war ein Postknecht«, sagte einer. »Mir wurden Briefe übergeben, und ich hatte sie zu befördern. Meist waren es Herren, denen ich Briefe brachte. ›Für dich, Barin, ist da ein Brief‹, sagte ich und wartete. Oft wurde mir gleich eine Antwort mitgegeben. Aber die kurze Zeit, die der Barin zum Lesen des Briefes brauchte oder die sein Schreiber nötig hatte, um den Brief vorzulesen, war für mich immer lang. Denn obgleich ich mit dem, was im Brief stand, nichts zu tun hatte, hing es doch vom Inhalt des Briefes ab, wie ich behandelt wurde. Für gute Briefe gab's ein gutes Wort, gelegentlich auch einen guten Bissen und hin und wieder eine Kopeke. Bei schlechten Nachrichten war der Empfänger nicht so geizig. Dann gab er aus dem Vollen: Zwanzig Hiebe waren keine Seltenheit. Mancher ließ die Hunde los, um mich vom Hof zu hetzen. Auf den Poststationen fand ich Trost. Andere hatten Schlimmeres erlebt. Aber was sie erfahren hatten, konnte auch mir bevorstehen. Eines Tages traf ich einen Postknecht, der eine Hand verbunden hatte. Ein Bojar hatte diese Hand in ein Schmiedefeuer stecken lassen. Diese Hand gab mir das Zeichen zur Flucht«, sagte der Kosak, der einmal Postknecht gewesen war.

»Ich floh auf das Wilde Feld, weil ich nicht frieren wollte«, sagte ein anderer. »Unser Barin hatte viel für Bäume übrig. ›Bäume gehören in den Wald‹, meinte er. Das Holz, das für seine Leute abfiel, reichte nicht einmal für den halben Winter. Was tun, damit die Kinder nicht erfroren? Der Barin war für unsre Klagen taub. Aber so ganz verlassen waren wir nicht. Wir hatten drei Freunde: den Wald, den Wind und den Schnee. Der Wald bot uns Bäume an, besonders in den Winkeln, in die der Barin nie kam. Der Wind ist ein eifriger Musikant; wenn er bläst, tanzt der Schnee, und dann ist's nicht zu hören, wenn ein paar Birken mittanzen und dabei über ihre eigenen Füße purzeln. Sollte ich sie liegen lassen? Der Wind blies hinter uns her, bis wir nach Hause kamen, er nahm jeden Umweg in Kauf und fegte hinter uns den Weg so gründlich, daß keine Spur blieb. Am Wind lag's nicht, auch nicht am Schnee, daß uns der Barin erwischte. Er hatte Aufpasser in den Wald geschickt. Da half kein Leugnen. Der Barin dachte sich Strafen für uns aus, je nach der Anzahl der Bäume, die einer für sich geschlagen hatte. Mich hielt er für den Anstifter. Mich wollte er besonders hart treffen. Als ihm ein Jagdhund angeboten wurde, tauschte er mich gegen den Hund ein. So kam ich von ihm los. Doch der neue Herr war um kein Haar besser. Da wartete ich den nächsten Winter nicht erst ab. Das Gut lag an einem Fluß, und der Barin hatte so viele Boote, daß es ihm auf eines nicht ankommen konnte. So wenigstens dachte ich.«

Das Feuer spiegelte sich in den Augen der Erzähler. Schweigend hörten die anderen zu. Nur hin und wieder rief einer: »Ja, so sind sie, die Oberen! Deshalb sind wir hier!«

Ein Kosak brachte alle zum Lachen, wenn er ans Feuer trat. Er

war ein kleingewachsener Mensch mit krummen Beinen. Aus seinem Gesicht sprang die Nase wie ein Schnabel vor. Seine Augen waren pechschwarz, auch seine Haare. Die andern nannten ihn Rabenschnabel, jeder kannte ihn.
»Wißt ihr, warum *ich* weglief von meinem Barin?« fragte er herausfordernd. »Ich wette ein Pferd, daß keiner darauf kommt!«
Alle möglichen Vermutungen wurden laut. Rabenschnabel wischte sie alle aus der Luft. »Ich will euch sagen, warum: wegen ärgerlicher Träume. Ja, Brüder, mir kam ein geträumter Ärger nach dem andern! Manchmal zog sich so ein Traum über zwei, drei Nächte hin. Hört euch das an: Träumt mir da in der ersten Nacht, daß mir eine Schüssel mit Grütze vorgesetzt wird, vom Barin höchstpersönlich. Mir fallen fast die Augen aus dem Kopf, so groß ist mein Hunger, und da fragt der Barin: ›Einen Löffel hast du doch mitgebracht?‹ – ›Einen Löffel? Nein‹, sag ich, ›wie konnte ich wissen, daß es Grütze geben wird?‹ – ›Dann‹, sagt der Barin, ›gibt's auch keine Grütze. Bring morgen einen Löffel mit!‹ Nun, denk ich, also morgen! und leg mich den nächsten Abend mit einem Löffel schlafen. Was kommt im Traum? Der Barin ohne Grütze, mit einer leeren Schüssel! Ich halte ihm den Löffel vor seine Augen, er aber lacht und sagt: ›Dir bleibt der Schnabel sauber, Rabenschnabel!‹ Das, Brüder, war mir wirklich zuviel. Da zog ich auf das Wilde Feld um. Und dort gingen wir nicht mit Löffeln schlafen, sondern mit Gewehren, am hellen Tag. Und in den Nächten gingen unsre Träume in Erfüllung – wenn Händler mit vollbeladenen Wagen vorüberkamen. Wie heißt's vom Habicht? Er küßt das Hühnchen – bis zur letzten Feder!«
Rabenschnabel versuchte grimmig auszusehen, aber je mehr Mühe er sich gab, um so größeres Gelächter rief er hervor.

8

Der große Ataman

Zwei Tage darauf erhob sich im Lager ein Aufruhr, der sich Luft in Freudenrufen machte.

Njaschokosch ist angekommen! hieß es überall. Njaschokosch war der berühmteste aller Atamane. Als Heerführer Godunows war er in Ungnade gefallen und nach Sibirien verbannt worden. Er hatte bereits viele Birken gezählt, das bedeutet, er hatte einen großen Teil des Weges schon hinter sich gebracht, da war es ihm geglückt zu entkommen. Ohne Waffen, ohne Helfer, nur auf seine Witterung, Zähigkeit und Schläue angewiesen, hatte er seine Wächter abgeschüttelt und die Verfolger in die Irre geführt. Ausgehungert wie ein Wolf im Februar war er auf dem Wilden Feld erschienen und sofort zum Ataman gewählt worden. Sein Wort galt viel bei allen andern Atamanen. Nur einer konnte es mit ihm an Berühmtheit aufnehmen, der Kurländer Korella, der sich in Kämpfen mit den Tataren zahllose Narben und die Eifersucht Godunows erworben hatte. Er war Njaschokoschs Freund.

Alle Kosaken kamen zusammen, um Njaschokosch zu sehen.

Er brachte gute Nachrichten mit. »Viele stehen für dich bereit«, versicherte er Dimitri. »Sie werden am Dnjepr zu uns stoßen. Das ist besser, als wenn sie erst einen Umweg machen.« Njaschokosch war von Siedlung zu Siedlung geritten und hatte für den Zarensohn geworben.

»Groß ist die Grille nicht, aber man hört sie weit«, sagte er lachend. Dann fuhr er mit blitzenden Augen fort: »Unser Zorn gegen Boris ist ein Brand geworden. Wer große Feuer ausblasen will, der facht sie nur an. Godunow wird das erfahren.«

Ein Kosak trat vor und sagte zu Dimitri: »Du solltest nicht länger warten, Zarensohn! Boris Godunow hat Rußland niedergeworfen. Heb du es wieder auf! Der Tatarenabkömmling hat uns beleidigt – du mußt uns rächen! Wir helfen dir dabei.«
Ein anderer sagte: »Wir sind ungeduldig und fragen dich: Wann wirst du uns nach Moskau führen?«
Von allen Seiten wurde so gefragt. Da sagte Dimitri: »Ihr meine Brüder! Uns alle traf das gleiche Los. Wir alle mußten fliehen und uns verstecken. Uns allen hat man nach dem Leben getrachtet. Nun werden wir zurückkehren und die zur Rede stellen, die uns vertrieben haben. Kein Postknecht soll mehr zittern, kein Bauer mehr frieren. Keiner mehr soll Hungerträume haben, keiner fürchten, daß er Birken zählen muß, nur weil ein Spitzel ihn verdächtigt. Njaschokosch hatte von uns allen den weitesten Weg. Nun ist auch er gekommen. Auf wen sollten wir noch warten? Die Zeit ist da: In drei Tagen wird der Marsch nach Moskau beginnen.«
Die Kosaken warfen ihre Mützen in die Luft. Schüsse wurden abgefeuert. Njaschokosch schüttelte Dimitri die Hände.
»Unsere Hütten vermachen wir dem Wind!« rief ein Kosak. »Dimitri wird uns Häuser geben.«
Dimitri winkte den Kosaken zu. Viele Hände streckten sich ihm entgegen. Die polnischen Pane standen abseits, niemand kümmerte sich um sie, nicht einmal die polnischen Soldaten und Reiter.
An den letzten Beratungen hatte vor allem Njaschokosch Anteil. Er kannte die Kommandanten der Orte, die an der Vormarschstraße lagen. Er wußte, wie viele Soldaten, Pferde und Kanonen in den einzelnen Garnisonen standen.
»Auf viele Kommandanten kann sich Godunow nicht verlassen«, sagte Njaschokosch voraus. »Nur bei einem bin ich sicher, daß er sich für den Tataren schlagen wird, bei Pjotr Basmanow, dem Kommandanten von Nowgorod-Sewersk. Ihm hat Godunow

seine Tochter Xenia zur Frau versprochen. Aber falls Basmanow versuchen sollte, uns aufzuhalten, wird ihm Andrej Korella in den Rücken fallen.«
Dimitri übertrug Njaschokosch das Kommando über die Vorhut. An alle Orte an der Vormarschstraße schickte er Briefe, in denen er versprach, daß niemand ein Strafgericht zu fürchten habe. Zwanzig Kosaken, als Kuriere verkleidet, machten sich mit diesen Briefen auf den Weg.

9

Offene Tore

Am achtzehnten September verließ das kleine Heer das Lager von Sambor. Für die ersten Wochen war nicht mit Widerstand zu rechnen. Bis Kiew ging der Vormarsch durch litauisches Gebiet; der König von Polen hatte zugesagt, für freien Durchzug Sorge zu tragen.
Aber schon zwei Tage später kam es zum Kampf. Der Kommandant von Krakau, Fürst Ostroschki, der bei seiner Meinung geblieben war, Dimitri sei ein Betrüger, stellte sich ihm auf eigene Faust entgegen. Er dachte damit Polen einen Dienst zu tun. Mit etwa tausend Mann hielt er einen Höhenzug besetzt. Seine Soldaten hatten sich verschanzt und nahmen Dimitris Vorhut unter Feuer.
Mnischek tobte vor Wut. Er verlangte einen Angriff mit allen Truppen. Njaschokosch erbot sich, das Hindernis ohne große Verluste aus dem Weg zu räumen. Er ritt mit dreißig Kosaken

los, umging die Hügelkette in weitem Bogen und tauchte überraschend im Rücken der Polen auf. Es gelang ihm, bis zu Ostroschki durchzustoßen, den Kommandanten zum Zweikampf zu stellen und ihn am Arm so schwer zu verwunden, daß er sich ergeben mußte.

»Ergebt euch!« rief Njaschokosch den Polen zu. »Ich verspreche euch freien Abzug.«

Die Polen warteten auf einen Befehl des Kommandanten.

Ostroschki starrte erbittert vor sich hin und blieb stumm. Da warfen die Polen ihre Waffen weg.

»Ihr könnt gehen«, rief Njaschokosch, »wohin ihr wollt – auch mit uns nach Rußland!«

Daraufhin traten dreihundert Soldaten zu Dimitri über. Die andern zogen ab. Ostroschki wurde zu Dimitri gebracht. »Du hast dich gegen deinen König gestellt«, hielt ihm Dimitri vor, »du wirst dich vor ihm verantworten müssen.« Mnischek verlangte eine sofortige Bestrafung des Fürsten. »Solche wie der müssen ausgerottet werden!« schrie der Woiwode.

Aber Dimitri ließ den Kommandanten frei. Den Panen und Atamanen erklärte er: »Ich halte nichts davon, durch Bluturteile Schrecken zu verbreiten. Ich habe versichert, daß niemand ein Strafgericht zu befürchten hat.«

»Aber du kannst doch solche Schurken nicht schonen!« wandte Mnischek ein.

»Wer immer sich ergibt, steht unter meinem Schutz«, erwiderte Dimitri. »Jeder in meinem Heer hat sich danach zu richten.«

»Das hat es noch in keinem Krieg gegeben«, begehrte Mnischek auf.

»Um so nachhaltiger wird die Wirkung sein«, sagte Dimitri.

Kosaken und Polen nahmen es als gutes Zeichen, daß der erste Zusammenstoß so unerwartet zum Erfolg geworden war. Das Heer war gewachsen. Die Waffen hatten sich vermehrt. Der erste Sieg war ohne Blut errungen.

Dimitri rückte in die Ukraine ein. Die Steppe empfing das kleine Heer freundlich. In allen Dörfern wurde der Zarensohn mit Brot und Salz begrüßt. Am 17. Oktober erreichte der Heerzug Kiew; die uralte Stadt öffnete ihre Tore.

Die Kosaken sahen den Dnjepr mit Freude. Das war ihr Fluß. An seinem Unterlauf lag ihre neue Heimat. Vom hohen Westufer blickten sie in das ebene Land, das sich im Osten bis an den Horizont hinzieht. Nirgendwo waren Anzeichen für einen Aufmarsch zu entdecken.

»Schläft Godunow?« fragten die Kosaken, »hält er nichts von Dimitri, nichts von uns?«

Zehn Tage später wurde über den Dnjepr gesetzt. Am 31. Oktober erschienen Dimitris Truppen vor der Grenzstadt Morawsk. Ein paar Kanonen fingen an zu bellen, als der Vortrupp auf Sichtweite herangekommen war. Dimitri gab den Hundertschaften den Befehl, die Stadt einzukreisen und sich zum Angriff bereitzustellen. Er selbst ritt, von wenigen Kosaken begleitet, vor eins der Stadttore.

»Das ist Wahnsinn!« zeterte Mnischek. Er ritt an Dimitris Seite. »Warum sich derartig in Gefahr begeben!« Dimitri ritt weiter. Die Kanonen verstummten. Aus dem Stadttor kamen Leute aus Morawsk entgegen, ein langer Zug. An der Spitze wurden zwei Gefangene mitgeführt.

»Diese zwei haben Befehl gegeben, das Feuer zu eröffnen«, sagte einer der Alten, die den Zug anführten. »Gegen unsern Willen haben sie das getan. Es sind die Bojaren Beobrasow und Lodigin, und du mußt sie dafür bestrafen, Herr, denn wir haben ihnen den Brief gezeigt, den Ihr uns geschickt habt.« »Laßt sie frei!« sagte Dimitri. »Bis heute war Morawsk in der Gewalt Godunows. Die Bojaren standen in seinem Dienst.« Lodigin und Beobrasow sahen einander an. Sie hatten damit gerechnet, abgeurteilt zu werden. Als Dimitri sie fragte, ob sie mit ihm nach Moskau ziehen wollten, erklärten sie sich dazu bereit. Von den Bojaren erfuhr Dimitri, daß Godunow über jeden, ›der zum Betrüger überliefe‹, im voraus die Todesstrafe ausgesprochen habe. Auch die siebenhundert Soldaten, die unter dem Kommando der Bojaren standen, schlossen sich Dimitri an, samt den sieben Kanonen, denen die Einwohner von Morawsk das Maul gestopft hatten.

»Was für ein Feldzug!« sagte ein Ataman. »Das Heer wächst wie ein Fluß.«

Fünf Tage später stand Dimitri vor Tschernigow. Auch hier wollte das Volk den Zarensohn begrüßen. Doch der Stadtkommandant, Fürst Tatjew, ließ die Tore schließen. Diesmal nützte es nichts, daß Dimitri an die Stadtmauer heranritt. Er wurde beschossen und mußte umkehren. Es kam zum Kampf. In der Stadt waren zwölfhundert Soldaten des Zaren. Dimitri griff von allen Seiten an. Männer von Tschernigow, die heimlich die Stadt verlassen hatten, zeigten den Atamanen schwache Mauerstellen. Gute Kletterer drangen in die Stadt ein und öffneten ein Tor von innen. Und nun jagten Kosaken auf Pferden durch die Straßen. Die Verteidiger warfen ihre Waffen weg. Nur Fürst Tatjew kämpfte erbittert, bis er von drei Kosaken überwältigt wurde.

Dimitri gab dem Fürsten seine Waffe zurück. Er befahl, alle Gefangenen freizulassen. Das machte auf Tatjew so großen Eindruck, daß er mit allen seinen Soldaten zu Dimitri überging. In Tschernigow wurden siebenundzwanzig Kanonen erbeutet.

Die Nachricht von der Einnahme Tschernigows erregte in den benachbarten Städten Aufruhr. Von der Bevölkerung wurden die Kommandanten aufgefordert, dem Beispiel des Fürsten Tatjew zu folgen. Es kam zu Ausschreitungen. In Rylsk und Kursk wurden die Soldaten entwaffnet. Die Städte Kromy und Bjelgorod schickten die Kommandanten, die sich nicht von Godunow lossagen wollten, gebunden zu Dimitri. Sie verlangten eine strenge Bestrafung: »Denn sie haben sich gegen das Volk gestellt und gegen dich, den Zarensohn.«

Dimitri nahm den Beschuldigten die Fesseln ab und stellte ihnen frei, nach Moskau zu gehen oder sich auf seine Seite zu schlagen. Die Kommandanten traten in Dimitris Dienste, mit ihnen ihre Truppen.

Die Verteidigung von Putiwl war dem Bojaren Massalski übertragen. Als bekannt wurde, was in Morawsk und Tschernigow, in Rylsk und Kursk und Kromy vorgefallen war, beriet sich Massalski mit den Ältesten der Stadt, und diese sagten: »Wir glauben, daß es der Sohn des Zaren Iwan ist, der heranzieht, auch wenn er mit seinen Feinden anders umgeht, als sein Vater das tat. Zieh ihm entgegen und schließe dich ihm an, dem alles Volk zuläuft. Bring ihm die Schlüssel von Putiwl!«

Da ging auch Massalski mit seinen Soldaten zu Dimitri über, weil sie nicht länger einem Mann dienen wollten, ›der insgeheim ein Mörder ist.‹

Godunow erschrak, als in Moskau eine Hiobsbotschaft nach der andern eintraf. Er hatte von den Vorbereitungen Dimitris erfahren, aber nicht damit gerechnet, daß er es wagen könnte, den Vormarsch vor dem Winter zu beginnen. In aller Eile schickte Boris nun den Bojaren Chruschtschow mit viertausend Reitern nach Putiwl. Auf dem Wege erfuhr der Bojar, daß Massalski zu Dimitri übergegangen sei, und er entschloß sich, von seinen Reitern gedrängt, zum gleichen Schritt. Im Lager Dimitris wurden sie mit Jubel aufgenommen. Chruschtschow erhob schwere Anklage gegen Godunow.

»Er wütet schlimmer denn je«, berichtete er. »In jedem Haus vermutet er Verrat. Tag für Tag werden Hunderte verhaftet, ohne Gericht eingekerkert und getötet. Moskau ist eine stumme Stadt geworden. Keiner traut mehr dem andern, selbst Freunde gehen einander aus dem Weg. Boris Godunow hat kein Erbarmen mit den Russen.«

»Wie sollte er auch!« sagte Njaschokosch. »Er ist ein Tatar und hat als Fremder über Fremde geherrscht. Aber wir werden ihm nicht mehr viel Zeit für seine Grausamkeiten lassen.« Dimitris Heer wurde von Tag zu Tag größer. Die Zuversicht seiner Soldaten nahm zu. »Auch der Winter wird es mit uns halten«, sagte ein Ataman voraus. »Er wird die Flüsse zu festen Straßen für uns machen.«

Mnischek hatte Oberwasser. »Wird dieser Emporkömmling Godunow überhaupt noch einen finden, der bereit ist, sich für ihn zu schlagen?« fragte er hämisch.

»Wir marschieren nun nach Nowgorod-Sewersk«, sagte Dimitri. »Dort ist Pjotr Basmanow Kommandant.«

Über Nowgorod hing eine schwarze Wolke, als das Heer auf Sichtweite herangekommen war.

»Das ist eine Wolke mit roten Füßen«, sagte Njaschokosch. »Nowgorod brennt.«

10

Feste Mauern

Njaschokosch ritt mit zwanzig Kosaken voraus, um die Lage zu erkunden. Nach fünf Stunden kehrten sie zurück. Sie waren auf freiem Feld Bewohnern aus Nowgorod begegnet, die bereitwillig Auskunft gegeben hatten. Basmanow hatte jedem freigestellt, sich in die Festung zurückzuziehen oder die Stadt zu verlassen. Die Vorstädte waren in Brand gesteckt worden. »Ein breiter Gürtel aus Asche liegt um die Festung«, berichtete Njaschokosch. »Wer solche Vorbereitungen trifft, ist zum äußersten entschlossen und denkt nicht an Übergabe.«

»Pjotr Basmanow ist der beste Mann, den Godunow hat«, sagte Fürst Tatjew. Njaschokosch stimmte ihm zu. »Pjotr steht auf der falschen Seite«, sagte er bedauernd.

Dimitri ließ Nowgorod durch seine Truppen einschließen.

In den verbrannten Vorstädten wurden bei Nacht Wälle aufgeworfen und Gräben ausgehoben. Alle erbeuteten Kanonen richteten ihre Rohre gegen die Festung. Über die Mauern wurden Pfeile geschossen, an denen die Aufforderung zur Übergabe steckte. Basmanow ließ Dimitri ohne Antwort. Nun wurde den Kanonen das Wort erteilt. In der Festung brachen Brände aus. Dimitri ließ stürmen. Alle Angriffe scheiterten vor den Mauern. Auf beiden Seiten gab es viele Tote und Verletzte. Vor Einbruch der Dunkelheit wurde Basmanow noch einmal aufgefordert, die Stadt zu übergeben, um weiteres Blutvergießen zu vermeiden. Basmanow antwortete mit Geschützen.

Njaschokosch schlug einen nächtlichen Angriff vor. Alle Atamane stimmten zu, auch Pane und Bojaren. Dimitri entschloß sich, im Schutz der Dunkelheit einen Vorstoß zu wagen.

Eine schwarze Nacht kam. Am Himmel hing eine dichte Wolkendecke. Weder Mond noch Sterne ließen sich sehen. Lautlos rückten einige Hundertschaften mit Leitern gegen die Mauern vor. Schon waren die Leitern angelegt und von den kühnsten Kosaken erstiegen, da brach ein Geschoßhagel über sie herein. Pjotr Basmanow hatte die Angreifer in eine Falle gelockt. Der Anschlag auf Nowgorod erstickte im Keim. Die Belagerten konnten sogar Gefangene einbringen.

Der abgeschlagene Angriff machte deutlich, daß Nowgorod nicht im Handstreich zu nehmen war. Es blieb nichts übrig, als die Eingeschlossenen auszuhungern oder ihren Widerstand mit Kanonen zu brechen. Die Belagerung aufzuheben war nicht möglich, ohne Basmanow freie Hand zu geben, im Hinterland gefährliche Unruhe zu stiften.

Während Nowgorod weiter belagert wurde, trafen bedrohliche

Nachrichten ein. Godunow hatte bei Kaluga ein Heer aufgestellt. Es setzte sich gegen Nowgorod in Bewegung: erst der Vortrab, dann das Große Regiment, dann die Reiterei, die auf den Flügeln kämpfen sollte, zuletzt der Nachtrab, wie es seit jeher bei den Russen üblich war. Boris Godunow setzte auf seine Übermacht: vierzigtausend Mann konnte er gegen fünfzehntausend schicken, die noch dazu Basmanow im Rücken hatten, wenn sie sich gegen das Zarenheer wenden mußten.

Seit Anfang Dezember lag das Land unter einer weißen Decke. Sie erschwerte die Beschaffung von Proviant. Eisiger Wind strich durch das Desnatal. Die Pferde drängten sich zu Rudeln zusammen, die Soldaten um große Lagerfeuer.

Am 18. Dezember erschien die Vorhut des Zarenheeres vor Nowgorod. Es kam zu einem Vorpostengefecht, bei dem die Kosaken geschlagen wurden. Der Ring der Belagerer war gesprengt. Basmanow konnte mit dem Zarenheer Verbindung aufnehmen. Für Dimitri stand nun alles auf dem Spiel. Mnischek und die anderen Pane rieten zum Rückzug, auch Fürst Tatjew und Massalski. Dimitri wandte sich an Njaschokosch, der schweigend dastand: »Und was ist deine Meinung?«

»Wir können uns keinen Rückzug leisten«, erklärte Njaschokosch, »wir sind nicht stark genug.«

»Was für ein Unsinn!« sagte Mnischek unbeherrscht.

»Njaschokosch hat recht«, erklärte Dimitri. »Unser Rückzug würde zur Flucht, weil Basmanow in unsere Flanke stieße. Es gäbe viele Tote. Uns bleibt nichts übrig, als das Heer anzugreifen, das Godunow uns auf den Hals schickt. Und da man dort nicht mit unserm Angriff rechnet, sind wir im Vorteil.«

Njaschokosch wollte die Angriffsspitze übernehmen. Aber das schlug Dimitri ihm ab. »Dich brauch ich in meinem Rücken«, sagte er. »Basmanow ist gefährlicher als die Vierzigtausend, die auf uns zukommen. Du mußt ihn in Schach halten, wenn er einen Ausfall macht.«

Dimitri befahl den Gegenstoß, der das Zarenheer zurückschlagen sollte, für den 21. Dezember. Die Kosaken und Polen brachen so ungestüm in das Heer Godunows ein, daß es sich zurückzog. Es erlitt dabei beträchtliche Verluste. Der Angriff war auch für Basmanow überraschend gekommen. Als er übereilt einen Ausfall machte, wurde er von Njaschokosch zurückgeschlagen. Das Zarenheer sammelte sich in den Wäldern von Starodub. Der Oberkommandierende, Fürst Mstislawski, unterrichtete Boris Godunow durch Kuriere von der Niederlage und bat um Verstärkung.

Auch Dimitri suchte nach einem geeigneten Platz, an dem er mit seinen Soldaten überwintern konnte. Er bezog Quartiere in der kleinen Stadt Sjäwsk und in benachbarten Dörfern. Die Kosaken ließen sich samt ihren Pferden wie Bären einschneien. Der Himmel schüttete so viel Schnee auf das Land, daß der Krieg auf der Stelle treten mußte. Scharfer Frost hielt die Soldaten in den Unterkünften. Die Vorräte für Menschen und Pferde wurden knapp. Aber auch in dieser schlimmen Zeit, da die Erde über einem eisenharten Panzer einen weißen Pelz trug, wuchs Dimitris Heer. Aus dem Süden und von Osten kamen kleine Trupps bewaffneter Männer, die für den Zarensohn kämpfen wollten. Sie hatten von seinem Sieg gehört, der gegen eine dreifache Übermacht errungen war. Manche kamen auf seinen bloßen Namen hin. Sie waren wochenlang unterwegs gewesen, ehe sie in Sjäwsk ankamen, mit Reif auf den frostgeröteten Gesichtern.

II

Die Schlacht der weißen Hemden

Auch die Zarenstreitmacht vergrößerte sich. Sie wuchs sogar rascher als Dimitris Heer. In die Wälder von Starodub rückten lange Kolonnen ein. Die Soldaten waren gut ausgerüstet. Wagen rumpelten hinter ihnen her, mit Proviant und Munition vollgestopft. Doch die Männer marschierten mit mürrischen Gesichtern. Sie waren zum Zarendienst gepreßt.

Godunow warf alle seine Truppen, die nicht zum Schutz des Kreml benötigt wurden, Dimitri entgegen. Er verstärkte das Heer bei Starodub auf siebzigtausend Mann. Der Zar war erbittert, weil sein Heer in den Wäldern Wurzeln geschlagen hatte, ›jeder Mann ein Baum‹. Er löste fast alle Befehlshaber ab und schickte neue. Den Oberbefehl übertrug er Wassili Schuiski, dem ergebenen Bojaren. Ehe er Schuiski nach Starodub schickte, verlangte er von ihm noch einen Dienst, den der Bojar vor aller Augen zu leisten hatte. In Anwesenheit der Zarenfamilie, aller Würdenträger, die in wichtigen Ämtern waren, der hohen Geistlichkeit und der Kremlwachen bestieg Schuiski den runden Steinsockel auf dem Roten Platz und erklärte nach einem feierlichen Eid vor den Tausenden, die sich versammelt hatten, er selbst habe nach jenem Unglückstag in Uglitsch den Zarensohn Dimitri in den Sarg gelegt und in der Klosterkirche beigesetzt. »Dimitri ist seit vierzehn Jahren tot«, rief Schuiski laut. »Der Betrüger aber, der sich für Dimitri ausgibt und mit Kosaken gegen Moskau zieht, ist der davongelaufene Kremlschreiber Grischa Otrepjew. Wir wissen auch, wer der ist, der sich bei ihm aufhält und sich als Otrepjew ausgibt: das ist Leonidas, ein entsprungener

Mönch. Er wird vom falschen Dimitri für seine Lügen bezahlt.«
Nach dem Bojaren erstieg auch der Patriarch den Sockel, verfluchte ›den Betrüger‹ und seine Anhänger und sprach über ihn den Kirchenbann aus.

Die vielen Menschen auf dem Roten Platz hörten ungerührt die Verwünschungen und Eide. Von ihrem Schweigen prallten alle Worte ab. Godunow erschrak. Er sah, daß ihm und seinen Vertrauten niemand mehr glaubte, und zog sich erbittert in den Kreml zurück.

Nach diesem Tag wurden viele als Gerüchtemacher abgeführt. Boris erfand ein neues Verbrechen: wer ›Mutlosigkeit verbreitete‹, wurde wie ein Mörder bestraft. Alle Angehörigen der Familie Otrepjew wurden nun aus Moskau entfernt, weil einer der ihren ›sich so unerhört gegen den Zaren verging‹. Der Abt des Tschudowklosters verschwand auf einer Insel im Weißen Meer, Smirny-Otrepjew in Sibirien.

Diese Nachrichten wurden Dimitri durch Männer überbracht, die Moskau heimlich verlassen hatten, vom Verhalten des Zaren angewidert. Sie kamen auf Umwegen ins Lager von Sjäwsk. Die zweite Januarhälfte brachte mildere Tage. Der Schnee setzte sich. Die Wege begannen sich abzuzeichnen.

Als Dimitri erfuhr, daß Wassili Schuiski zum Oberbefehlshaber ernannt sei, beriet er sich mit Njaschokosch, Sawitzki und Grischa, seinen engsten Vertrauten.

»Was wird Schuiski tun?« fragte er Grischa.

»Bei Schuiski ist alles möglich«, meinte der Schreiber.

»Er kann es wie seine Vorgänger machen und Godunow auf eine Geduldsprobe stellen«, sagte Njaschokosch. »Vielleicht aber geht er sofort zu uns über.«

»Das glaube ich nicht«, sagte Dimitri. »Er wird Godunow auf andere Weise hintergehen und versuchen, den Zaren um sein letztes Heer zu bringen.«

»Und das bedeutet?« fragte der Ataman.

»Daß er uns nicht mehr lange in Ruhe lassen wird. Er wird uns mit siebzigtausend Mann angreifen«, vermutete Dimitri. Meldungen von Kosaken, die Njaschokosch zu Erkundungen ausschickte, bestätigten den Eindruck, daß Schuiski das Zarenheer einsetzen werde. Die Regimenter tauchten aus den Wäldern auf und rückten näher. Mnischek versuchte Dimitri zu bewegen, nach Putiwl zurückweichen. Dimitri aber wollte Schuiski entgegentreten. Die Kosaken stimmten sofort zu, als er von Angriff sprach. Ihr Ungestüm, mit dem sie auf eine Entscheidungsschlacht drängten, riß auch die Polen mit. Späher meldeten, Schuiski habe mit seiner Hauptmacht einen Höhenzug besetzt, auf dem das Dorf Dobrynitschi lag. Dimitri ließ seinen Troß bei Sjäwsk zurück, gesichert durch einige Kosakenhundertschaften. Mit drei Heerhaufen rückte er gegen Dobrynitschi vor, die Reiter an den Flügeln. Dimitri ritt einen Grauschimmel. Über seinem Rock trug er ein weißes Hemd. Allen seinen Soldaten hatte er befohlen, weiße Hemden über die Röcke zu ziehen, da abgesehen von den deutschen Söldnern im Zarenheer und von den Polen auf Dimitris Seite Russen gegen Russen standen. Zu den Weißhemden sprach er: »Nun gilt es, Brüder! Uns ist das bittere Los zugefallen, Menschen zu bekämpfen, die unsere Sprache sprechen. Wir haben keine Wahl. Wir müssen das Heer Godunows zerschlagen, wenn Rußland ein freies Land werden soll. Dafür gehen wir nun in den Kampf.«

»Gott schütze Dimitri!« riefen Russen und Polen.

Dann begann der Angriff. Dimitri führte auf dem rechten Flügel, Njaschokosch auf dem linken. Es gelang Dimitri im ersten Ansturm, tief in das Zarenheer einzudringen und die deutschen Söldner abzusprengen, auf die Boris vor allem setzte. Die weichenden Söldner rissen viele Russen mit. Dimitri drängte sie in eine Senke hinter dem Dorf. Auch auf dem linken Flügel verlief die Schlacht so, wie Dimitri es erwartet hatte. Njaschokosch brach mit tausend Kosaken in den Feind. In beiden Flanken wurde die Front aufgerissen. Die Polen in der Mitte des Dimitri-Heeres rückten gegen die Höhen vor. Schon glaubten sie das Dorf in der Zange zu haben und ohne Verluste einnehmen zu können, weil von dort nicht ein Schuß fiel – da wurden sie plötzlich aus Gräben und Schützenlöchern heftig unter Feuer genommen. Auf den nackten Hängen waren sie schutzlos preisgegeben. Die Polen warfen sich auf die Erde. Ihre Hauptleute schrien Angriffsbefehle und liefen voraus, bis die Schützen am Dorfrand sie niedermähten. In die Reihen, die ihnen folgten, wurden so große Lücken gerissen, daß die Polen entsetzt die Flucht ergriffen. Nun wurden sie von hinten abgeknallt. Berittene Verfolger setzten den Überlebenden nach.

Dimitri versuchte den verzweifelten Polen mit seinen Reitern zu Hilfe zu kommen. Da fiel sein Grauschimmel, in den Hals getroffen. Dimitri fing eins der vielen Pferde ein, die ihren Reiter verloren hatten. Als er sah, daß die Schlacht verloren war, setzte er sich an die Spitze einer Gruppe von Kosaken und kämpfte sich einen Weg aus dem Getümmel frei. Auf den Höhen um das Dorf blieben Tausende von Männern, deren weiße Hemden rot geworden waren.

Dimitri verlor bei dieser Schlacht nahezu die Hälfte seiner Soldaten. Er verlor auch seinen Troß. Beim Troß kamen alle Kosaken um, die zu seinem Schutz zurückgeblieben waren. Dort fiel auch Njaschokosch mit zweihundert Reitern. Der Ataman war zu Hilfe geeilt, als Schuiskis Truppen den Troß umzingelt hatten.

Das Heer Dimitris war aufgelöst. Die Elftausend, die noch lebten und nicht schwer verwundet oder in Gefangenschaft geraten waren, hatten sich in regelloser Flucht zerstreut.

12

Das Brot der Prüfung

Die Nacht kam und deckte die Toten zu. Am Himmel erschien funkelnd Punkt neben Punkt.

»Seht euch diese Sterne an!« sagte ein Verwundeter, »lauter Nagelspitzen, die aus einem schwarzen Brett hervorstehen. Von drüben werden sie eingeschlagen, so lange, bis sie durch sind – und den Hammer hört keiner.«

Es wurde kalt. Der Schnee knirschte unter jedem Schritt.

»Warum knirscht der Schnee so? Was hat er gegen uns?« fragte ein Kosak, der sein Pferd verloren hatte.

»Nichts hat er gegen uns«, sagte ein Bauer, der neben ihm herging. »Er meint es gut. Er gibt uns einen Rat.«

»Welchen Rat denn?«

»Hörst du nicht, was der Schnee sagt? Geht heim, geht heim, das sagt der Schnee.«

»Du hast dumme Ohren«, sagte der Kosak. »Was weiß schon der Schnee. Willst du vielleicht heimgehen? Nur ein Schuft geht jetzt heim.«

»Njaschokosch soll tot sein, hast du es gehört?« fragte der Bauer nach einer Weile.

»Er ist tot«, sagte der Kosak, »und nur deshalb tut er nicht, was wir jetzt tun.«

»Was tun wir eigentlich?« fragte der Bauer.

»Deine Füße wissen es besser als du«, sagte der Kosak. »Sie tragen uns zu Dimitri. So dringend wie jetzt hat er uns noch nicht gebraucht.«

Die polnischen Pane waren bereits bei Dimitri. Sie hatten ihre Pferde behalten und waren bis zu dem Dorf geritten, das zum Sammelplatz für Versprengte bestimmt worden war. In einer Hütte hatten sie Dimitri gefunden. Sie hielten mit ihrem Groll nicht zurück.

Mnischek schrie: »Wie konntest du angreifen? Ich war dagegen.«

»Wir alle waren dagegen«, stellte Fürst Konstantin fest.

»Du hast alles leichtfertig aufs Spiel gesetzt«, warf ihm Mnischek vor.

»Und alles verloren«, ergänzte der Pan Zanotzki gehässig, »sogar den Troß!«

Dimitri sagte nichts.

»Womit willst du die Soldaten satt machen? Aller Proviant ist weg. Die Kassen sind weg. Womit willst du die Soldaten bezahlen?« fragten die Pane.

Dimitri hörte so gelassen zu, als seien die Fragen nicht an ihn gerichtet. Als den Panen aufging, daß ihre wütenden Vorwürfe Dimitri nicht erreichten, lenkte Mnischek ein.

»Was geschehen ist, läßt sich nicht mehr ändern«, sagte er weniger laut. »Aber nun ist es notwendig, daß du tust, was wir dir sagen. Wir haben ein Recht darauf, daß du uns anhörst. Wir haben für dich unser Leben eingesetzt.«

»Und was ist nach eurer Meinung zu tun?« fragte Dimitri.

»Wir müssen aus dieser verfluchten Gegend fort«, sagte Mnischek gereizt. »Der König von Polen muß ein Heer aufstellen. Ohne reguläre Truppen geht es eben nicht! Mit wilden Kosakenhaufen allein –«

Da stand Dimitri auf und sah Mnischek so an, daß ihm das Wort im Halse steckenblieb. »Ich werde in dieser verfluchten Gegend bleiben«, sagte Dimitri ruhig, »bei meinen Kosaken.«

»Du denkst auch jetzt nicht an Rückzug?« fragte Mnischek drohend.

»Nein«, sagte Dimitri.

»Willst du hier krepieren in Hunger und Kälte? Mit den paar Verrückten, die dir geblieben sind?«

»Von uns kannst du nicht erwarten, daß wir da noch mitmachen«, erklärte Fürst Konstantin.

»Ich erwarte es von keinem«, sagte Dimitri. »Geht jetzt und kommt wieder, wenn es besser um uns steht!«

Die Pane gingen. Der größte Teil der Polen rückte ab. Nur ein paar hundert Polen blieben bei Dimitri. Dagegen verließ ihn nicht einer von den Russen, die mit ihm in die furchtbare Schlacht gezogen und mit dem Leben davongekommen waren. Die Kosaken sammelten sich in den Dörfern um Sjäwsk. Dimitri ritt von Dorf zu Dorf. Wo er auftauchte, drängten sich um ihn Gestalten, die wie er vom Hunger gezeichnet waren.

»Nur noch wenige sind wir jetzt«, sagten sie.

»Aber jeder von euch zählt für zehn«, sagte Dimitri.

»Ein großes Feuer waren wir«, sagte ein Kosak, »jetzt sind wir Asche.«

»Warte nur«, redete ihm Dimitri zu, »bis der rechte Wind kommt und die Funken aufweckt, die darunter stecken! Solche wie euch läßt der Himmel nicht im Stich.«

»Aber bei der Schlacht hat er uns aus den Augen verloren«, warf ein Kosak ein.

»Im Gegenteil«, erwiderte Dimitri, »er wollte nur sehen, was ihr wert seid. Das zeigt sich erst im Unglück.«

Selbst Bauern, die nicht mitgekämpft hatten, hörten Dimitri mit Bewunderung zu. Mancher verschwand und brachte ihm etwas zu essen, das er versteckt gehalten hatte. »Das ist für dich.«

»Teil's mit ihnen, deinen Brüdern«, sagte Dimitri, schüttelte den Bauern und den Kosaken die Hände und ritt ins nächste Dorf.

Bei den Beratungen mit den Atamanen und Bojaren, die auch jetzt noch zu ihm hielten, wurde nichts beschönigt und um nichts herumgeredet.

»Alles kann nun passieren«, sagte Dimitri, »es kann auch passieren, daß nichts passiert. Diese Hoffnung bleibt uns. Nur eins steht fest: Der Gegner, der jederzeit über uns herfallen kann, ist jetzt zehnmal stärker als wir.«

Nichts Bedrohliches ereignete sich. Schuiski schickte keine Verfolger aus. Er ließ das geschlagene Heer in Ruhe. Die Soldaten des Zaren zogen plündernd umher. Sie suchten nicht nach Kosaken und Polen, bei denen nichts zu holen war. Sie hielten sich an die russischen Bauern und nahmen ihnen das wenige weg, das sie noch besaßen. Wer sich wehrte, wurde mißhandelt oder aus dem Wege geräumt. Dörfer gingen in Flammen auf. Erbittert kamen nun viele zu Dimitri.

»Rette uns vor diesen Horden, für die wir Vieh sind!«

Dimitri stellte Abteilungen auf, die mit Äxten und Sensen bewaffnet wurden. Sie schützten die Dörfer und nahmen Zarensoldaten gefangen.

Von Saporog, vom Don und vom Donez holten die Kosaken Verstärkung herbei. Die Werber sagten: »Dieser Zarensohn ist stärker als das Unglück.«

Ende März konnte Dimitri bei Putiwl ein neues Heer aufstellen. In einem Manifest versprach er den Kampf fortzusetzen und der Gewaltherrschaft Godunows ein Ende zu bereiten. Dimitris Heer war nicht groß. Aber in seinen Reihen standen nur solche, die wie er das Brot der Prüfung gegessen hatten. Auf jeden von ihnen konnte er sich verlassen.

13

Die hölzerne Festung

Boris Godunow schickte Eilkuriere zu Wassili Schuiski und drängte ihn zum entscheidenden Schlag. Der ergebene Bojar aber meldete nach Moskau: »Das Rebellenheer wird auseinanderlaufen, wenn erst der Schnee schmilzt. Warum sollen wegen eines Betrügers brave Russen sterben?« Er verheimlichte, daß das Zarenheer zusammenschmolz. Viele Soldaten liefen zu Dimitri über oder kehrten in ihre Dörfer zurück.

Das Verhalten Schuiskis gab allen Rätsel auf. Der gleiche Mann, der auf den Höhen von Dobrynitschi Dimitri eine Niederlage beigebracht hatte, wich einem zweiten Treffen aus, obgleich er in der Übermacht war. Er ließ Dimitri unbehelligt und marschierte mit seinem Heer vor Kromy auf, einer armseligen Festung im Desnatal. Diese Festung lag inmitten von Sümpfen. Sie war im Sommer nur durch einen Steindamm zugänglich, aber nun, im Winter, leicht angreifbar. Ihre Wälle waren aus Baumstämmen und Erde errichtet. In Kromy gab es nur jämmerliche Hütten, nicht einen Bau aus Steinen. Verteidigt wurde Kromy von sechshundert Kosaken, die unter dem Befehl Korellas standen, der nach dem Tod von Njaschokosch als größter Ataman galt. Die Kosaken gingen für ihn durchs Feuer und hielten ihn für unbesiegbar. Sie hatten ihm viele ehrende Namen gegeben. Seit er sich in Kromy eingenistet hatte, nannten sie ihn den ›Fuchs im Fort‹ wegen der Schläue, mit der er den Gegner irreführte. Kosaken tauchten bald da bald dort auf – immer die gleichen. Die Wälle wimmelten von Verteidigern – so sah es für die Belagerer aus.

Schuiski hatte die kleine Festung mit sechzigtausend Mann eingeschlossen. Aber er traf keine Anstalten für einen Angriff, obgleich der Boden so hart gefroren war, daß er auch Kanonen trug. Er verzichtete darauf, Kromy in Brand zu schießen. Nicht eine Kanone wurde abgefeuert. Schuiski ließ selbst dann nicht das Feuer eröffnen, als die Kosaken nachts im Vorfeld spukten und bei Tag mit Pferden auf den Wällen erschienen.

»Wir werden dieses Gesindel aushungern«, ließ er den Soldaten des Zaren sagen. Sie wunderten sich. Denn nachts bewegten sich Schlitten auf das Fort zu, und bald sprach sich herum, daß diese Schlitten mit Proviant beladen waren, sogar mit Munition. Niemand hielt sie auf.

Als Dimitri darüber Meldung erhielt, fragte er Grischa: »Was hältst du von diesen Machenschaften?«

»Schuiski ist undurchschaubar«, sagte Grischa.

»Ich finde, nun spielt er mit offenen Karten«, meinte Dimitri. »Er verschleißt das Zarenheer, statt es gegen uns einzusetzen.«

»Spätestens in Moskau wird er uns alles erklären«, sagte der Schreiber.

Gerüchte über das zwielichtige Treiben Schuiskis drangen bis zum Zaren. Er berief Schuiski ab. Zum neuen Befehlshaber ernannte er Pjotr Basmanow, den einzigen Mann, zu dem er noch Vertrauen hatte. Ihm schickte er eine schwere Goldkette und einen Zobelpelz. Er beschwor ihn, ›dem Unfug von Kromy ein Ende zu bereiten und Dimitri unverzüglich dort anzugreifen, wo er sich gerade aufhält‹.

Der Kurier aus Moskau brachte einen zweiten Brief mit, von dem der Zar nichts wußte. Freunde teilten Pjotr Basmanow mit, daß Godunow sich entschlossen habe, seine Tochter, die Basmanow versprochen war, einem Dänenprinzen zur Frau zu geben.

»Warum nicht einem Prinzen aus Schweden?« fragte Basmanow, als er den Brief gelesen hatte.

»Auch ein Schwedenprinz wäre dem Zaren recht«, sagte der Kurier. »Jeder Prinz, der mit dem Versprechen kommt, zur Hochzeit Soldaten mitzubringen, die bereit sind, sich für den Zaren zu schlagen. Im Lande hat er keine Freunde mehr.«

Basmanow stieß die Goldkette und den Zobelpelz weg. »Der Oberbefehl kommt mir gelegen«, sagte er. »Schuiski hat das Netz ausgelegt – ich werde es zuziehen.«

Drei Tage später erschien Basmanow vor Kromy. Schuiski war bereits nach Moskau abgereist. Die übrigen Befehlshaber erwarteten, Basmanow werde sie zusammenrufen, um ihnen einen Angriffsplan vorzulegen. Sie kannten Pjotr als einen Mann, der dem Gegner keine Zeit läßt, wenn er angreifbar ist. Die sechshundert Kosaken im hölzernen Fort konnte niemand retten, wenn die Kanonen sprachen und sechstausend Mann zum Sturm antraten.

Basmanow sprach mit jedem Befehlshaber unter vier Augen. Nach diesen Gesprächen war er über alle im Bilde. Er teilte sie in drei Gruppen ein: in jene, die begriffen hatten, was die Stunde schlug; in jene, die im Umfallen geübt sind; und in die wenigen, für die Godunow auch jetzt noch der Zar war.

An der Spitze der ersten Gruppe standen die Fürsten Saltykow und Golitzin. Ihnen eröffnete Basmanow seinen Plan. Schon in der nächsten Nacht sollten die Boristreuen ausgeschaltet werden: durch raschen Zugriff und ohne Blutvergießen. »Ihnen stehen Fesseln«, sagte Basmanow, »denn sie waren niemals frei. Um die Meute, die hinter jedem Herrn gleich eifrig herbellt, brauchen wir uns keine Sorgen zu machen. Sie fallen uns zu, sobald Korella den Ausfall macht, zu dem wir ihn ermuntern werden.«

Basmanow schrieb an Korella einen Brief, der mit den Worten schloß: »Ich stand lange genug auf der falschen Seite. Ich habe einem Zaren gedient, der schlimmer ist als der schreckliche Zar, von dem mein Vater und mein Großvater getötet wurden. Ich habe viel gutzumachen. Die Stunde ist gekommen.«

Kurz vor Tagesanbruch machte der Ataman mit seinen Kosaken den verabredeten Ausfall. Es wurde nicht geschossen; wenn ein aufgeschreckter Schläfer sich nicht ergeben wollte, traf ihn nur die flache Klinge. Die Boristreuen hatte Basmanow schon vorher festnehmen lassen. Als die Sonne aufging, war alles entschieden.
Basmanow ließ alle Befehlshaber in sein Zelt holen. Neben ihm stand der Ataman Andrej Korella. »Nun sind wir also Verräter«, sagte Pjotr. »Der Mann im Kreml wird uns so nennen. Er hat jedem von uns einige Titel verliehen. Aber nur auf diesen einen sollten wir stolz sein: ›Verräter an Boris Godunow‹. Laßt uns zu Dimitri übergehen, der ein wahrer Zar sein wird. Der Ataman Korella soll uns zu ihm führen.«
Fürst Saltykow schlug vor, das Heer auf Dimitri zu vereidigen. Die meisten Befehlshaber waren dafür, daß dies noch am gleichen Tage geschehen sollte. Selbst bei denen, die schwankend gewesen waren, kam ein Gefühl der Erleichterung auf. Nur die Verhafteten standen mit bedrückten Mienen da.
Korella sah es. Er fragte Basmanow: »Warum sind sie in Fesseln?«
»Es sind Godunow-Leute«, sagte Pjotr. »Dimitri soll bestimmen, was mit ihnen zu geschehen hat.«
»Laßt sie frei«, verlangte der Ataman. »Die Entscheidung ist gefallen. Den Zaren Godunow wird es bald nicht mehr geben.«

14

Die Kanone im Sumpf

In Moskau erließ Zar Godunow einen Aufruf um den anderen. Das Volk wurde beschworen, in schwerer Stunde nicht zu vergessen, was es seinem Herrn, dem Zaren, schuldig sei. An alle wehrfähigen Männer ergingen Befehle, Erlasse gegen Meuterer und andere ›Verbrecher, die im trüben fischen wollen‹. Straßen und Plätze waren menschenleer. Gerüchte von Dimitris Vormarsch und vom Abfall des Zarenheeres vor der Festung Kromy erfüllten die Menschen mit Hoffnung und Furcht: Denn noch war Godunow Herr im Kreml.

Wassili Schuiski hatte sich bei Godunow zurückgemeldet – als der Sieger von Dobrynitschi. Er war mit Ehren empfangen worden.

»Was ist nun zu tun?« fragte der Zar den ergebenen Bojaren.

»Nur der Himmel kann uns helfen«, erklärte Schuiski. Er brachte den Zaren auf den Gedanken, die Blaschennaja Helena aufzusuchen, eine Frau, die beim Volk hohes Ansehen genoß und in Notlagen oft um Rat gefragt wurde. Sie wohnte in einem Kloster außerhalb von Moskau. Schuiski erbot sich, den Zaren dorthin zu führen, in Verkleidung und bei Nacht.

»Es wäre nicht gut, wenn das Volk davon erführe«, gab Schuiski zu bedenken. Er bereitete die Blaschennaja auf den Besuch des Zaren vor. »Diese Nacht wird er zu dir kommen. Wirst du ihn anhören und ihm deinen Rat geben?«

Die Blaschennaja gab keine Antwort. Sie blieb auch stumm, als der Zar gekommen war und sie fragte, ›wie Rußland zu retten sei‹. Sie sah ihn mit ihren großen Augen an, bis er ihrem Blick nicht mehr standhielt und sich zurückzog. In den Kreml zurückgekehrt, beklagte sich Godunow über diese Frau. Schuiski nahm sie in Schutz. »Sie antwortet selten gleich beim ersten Mal«, sagte er, »wir sollten noch einmal zu ihr gehen.«

Die Verzweiflung des Zaren war so groß, daß er sich überreden ließ, die Blaschennaja ein zweites Mal zu besuchen. Sie empfing ihn im Klosterhof. Als der Zar sie um Rat gefragt hatte, ließ sie von Nonnen einen Balken und ein Weihrauchfaß bringen. Sie schwenkte das Weihrauchfaß über dem Balken und murmelte dabei die Totengebete. Der Zar entsetzte sich darüber so sehr, daß er Schritt um Schritt zurückwich. Schuiski brachte ihn in einem verdeckten Wagen in den Kreml. Der Zar sah nun keinen Ausweg mehr. Er verzehrte sich in Furcht. Heimlich ließ er Kremlschätze in Verstecke bringen, die außerhalb von Moskau lagen, auf dem Weg zur Ostsee. Am dreizehnten April empfing er den Gesandten des Dänenkönigs. Während des Empfangs brach Boris Godunow zusammen. Ein Blutsturz machte seinem Leben ein Ende – vor aller Augen. Wie es üblich war, wurde der Zar als Mönch eingekleidet und in der Erzengel-Kathedrale beigesetzt. Fjodor, Godunows sechzehnjähriger Sohn, wurde zum Zaren ausgerufen und die Zarin als Mitregentin eingesetzt. Erstaunlicherweise fanden sich Bojaren, die Fjodor huldigten. Dimitri erfuhr vom Tode Godunows, als er mit einem kleinen Gefolge zur Festung Kromy unterwegs war. Er ritt dorthin, um die Truppen zu entlassen, die auf Befehl des Zaren ausgehoben und auf Dimitri vereidigt waren. Er wollte nicht mit einem so großen Heer nach Moskau marschieren. Die Soldaten, die nicht freiwillig in den Kampf gezogen waren, sollten in ihre Dörfer heimkehren.

Der Winter wich. Der Schnee, der Wegefresser und große Gleichmacher, schmolz rasch, die Sümpfe tauten auf. Dimitri mußte über den Steindamm reiten, um in die Festung zu kommen.

Die Truppen hatten sich zurückgezogen und auf benachbarten

Höhen ihr Lager aufgeschlagen. Der Boden um Kromy war unsicher geworden. Mancher schwere Wagen hatte sich beim Abzug so festgefahren, daß er zurückgelassen werden mußte. Neben dem Damm sah Dimitri eine Kanone, die bis über die Räder eingebrochen war. Die Lafette war versackt. Die Mündung hatte sich auf den Himmel gerichtet, ein stummes, schwarzes Maul. Auf das Rohr hatte einer mit großen Buchstaben BORIS geschrieben. Unaufhaltsam versank die Kanone im Morast.

15

Dimitris Botschaft

Von den Kosaken in der Festung wurde Dimitri mit Jubel begrüßt. Jeder wollte seine Hände ergreifen. Sie hoben ihn vom Pferd und trugen ihn auf ihren Schultern und Armen zu dem Platz, auf dem Korella und Basmanow und die übrigen Befehlshaber versammelt waren.

Der älteste Kosak Korellas, Bärenklau genannt, ein verwitterter Bursche, trat für alle anderen vor Dimitri hin und sprach: »Du Zarensohn, du bist nun unser Zar, aus unserer Mitte hervorgegangen, ein Zar für alle Russen. Wir haben gesehen, wie du in der Not bist, daher fürchten wir nicht, daß das Glück dir etwas anhaben kann. Uns alle hat das Schicksal gegen den Strich gestreichelt, weil es wissen wollte, was jeder von uns wert ist. Nun hat es sich erwiesen, daß brüderliche Liebe fester hält als steinerne Mauern.« Dimitri umarmte den alten Kosaken. Dann sprach er zu allen, die sich um ihn drängten: »Noch habe ich leere Hände, aber in Moskau werde ich euch bewirten. Wir haben im gleichen Wind gefroren und werden am gleichen Ofen sitzen. Das Haus des Zaren wird euer Haus sein.«

Dimitri fand auch für jene, die sich ihm erst jetzt angeschlossen hatten, Worte ohne Stachel. Als Basmanow sich selber anklagen wollte ›wegen beschämender Treue zu einem Menschen, der von Treue nichts wußte‹, unterbrach ihn Dimitri. »Du hast dir diesen Zaren nicht selber ausgesucht«, sagte er zu Pjotr, »und du hast ihm in gutem Glauben gedient. Es ehrt dich, daß du nicht zu den Leuten gehörst, die einen Eid nur so lange halten, als ein hungriger Hund die Fasten hält.« Er wandte sich an die anderen Bojaren, die Kommandostellen im Zarenheer gehabt hatten. »Für euch alle gilt das. Ihr habt mein Vertrauen.«

Der Weg nach Moskau war nun frei. Die Truppen, die Fjodor und seine ehrgeizige Mutter Dimitri entgegenschickten, verliefen sich. Niemand wollte für die ›Brut Godunows‹ kämpfen. Dimitris Vormarsch wurde zum Triumphzug. Überall begrüßten die Bauern den Zarensohn. Sie baten ihn, in ihre Hütten zu kommen oder beim Vorüberreiten einen Blick hineinzuwerfen. »Du siehst, wir haben Türen und Fenster aufgemacht«, sagten sie zu ihm, »damit wenigstens dein Blick bei uns zu Gast sein kann.«

In einem Dorf, in dem für ein paar Stunden haltgemacht wurde, führte der Pope Dimitri zu einer Stelle, an der im grauen Schnee das Wort ›Friede‹ stand. »Das Wort habe ich in den Schnee geschrieben, als der Schnee noch weiß war«, sagte der Pope. »Die Sonne hat das Wort so oft gelesen, bis die grüne Erde durchkam – zuerst in diesem Wort.«

Mit Dimitri zog ein stattliches Gefolge von Fürsten, Bojaren und Atamanen. Nach der Auflösung des Zarenheeres waren die Pane, die in sicherer Entfernung den Ausgang der Kämpfe abgewartet hatten, eilig zu Dimitri zurückgekehrt. Zwischen Orel und Tula hatten sie ihn eingeholt. Die Atamane empfingen die Pane mit

Spott, die Bojaren mit Schadenfreude. Das focht die polnischen Herren wenig an, weil Dimitri mit keinem Wort auf ihre Schmach anspielte. Nur war Mnischeks Platz nicht mehr an seiner Seite. Neben Dimitri ritten nun Korella und Basmanow.

Vor Tula ließ Dimitri ein Lager beziehen. Das war in den letzten Maitagen. Aus Moskau wurde gemeldet, das Volk erwarte täglich seinen Einzug mit Hoffnung und in Furcht.

Da schickte Dimitri zwei Abgesandte, die Bojaren Puschkin und Pleschtschejew mit einem Brief nach Moskau. Am ersten Juni ritten die Bojaren in den Vorort Krasnoje Selo ein, der vor allem von Kaufleuten bewohnt war. Sie wurden sogleich von Moskauern umringt und auf den Roten Platz begleitet. Aus ganz Moskau strömte das Volk zusammen, um die Botschaft Dimitris anzuhören. Die Kremltore waren geschlossen und von Wachen besetzt. Die Zarenwitwe und ihr Sohn befürchteten einen Aufstand. Sie hatten Späher in das Volk geschickt.

Der Bojar Puschkin verlas Dimitris Schreiben. Auf dem Platz war es so still, als sei er menschenleer. Mit Staunen vernahmen die Moskauer die Worte: »Da meine Briefe euch nicht erreicht haben, verzeihe ich euch alles, was ihr mir angetan habt. Ich bin nicht blutdürstig wie der, der euer Herr war. Jedermann weiß, wie Boris Godunow seine Untertanen durch Schwert, Strick oder Scheiterhaufen umbrachte oder als Sklaven an die Tataren verkaufte. Seine Tyrannei hätte euch beweisen müssen, daß er nicht der Beschützer seines Volkes war und nicht rechtmäßig herrschte. Aber nochmals: Es sei euch allen vergeben. Ergreift nur alle Godunows und haltet sie bis zu meiner Ankunft in Moskau gefangen, damit sie vor einem Gericht ihr Urteil erfahren. Vergeht euch an niemandem, achtet Leben und Eigentum und bleibt im Gehorsam Gottes!«

Nun flogen viele Arme hoch, Rufe wurden laut: »So spricht ein wahrer Zar. Es lebe Dimitri! Er vergießt kein Russenblut.«

In Gegenwart der beiden Abgesandten wurden aus dem Volk

dreißig Männer gewählt, die mit Puschkin und Pleschtschejew nach Tula ziehen und dem Zarensohn versichern sollten, das Volk erwarte ihn, den Befreier, um ihn auf den Thron seiner Väter zu setzen. Die Abordnung wurde von Bojaren geführt, die sich geweigert hatten, auf Fjodor einen Eid abzulegen. Zwei Tage später empfing Dimitri die Abordnung aus Moskau. Sie war um zehn Bojaren vermehrt, die es sich nicht nehmen lassen wollten, im großen Augenblick dabei zu sein, ›in dem Rußland seinen neuen Herrn empfängt‹.

Dimitri saß auf dem Pferd, das ihn aus der Schlacht von Dobrynitschi getragen hatte. Puschkin und Pleschtschejew ritten vor und berichteten dem Zarensohn. Dann näherten sich die Männer aus Moskau. Sie waren von ihren Pferden gestiegen. Drei Bojaren hielten Botschaften in den Händen. Dimitri begrüßte die Abordnungen freundlich. Dann verlas der erste Bojar seine Botschaft. Auf ihn folgte der zweite mit einer Huldigung, die mit anderen Worten das gleiche sagte. Die Kosaken und ihre Pferde wurden unruhig über so vielen Worten.

Plötzlich war Hufgetrappel zu hören. Von Süden her kamen etwa dreihundert Reiter. Kosaken mit ihren Atamanen an der Spitze. Es waren Hundertschaften, die an allen Kämpfen teilgenommen hatten und in Kromy zurückgeblieben waren, um die Auflösung des Zarenheeres zu überwachen. Sie kamen wie eine Sturmwolke angefegt und wurden mit Begeisterung empfangen. Auch die Hundertschaften um Dimitri sprengten nun los, als gelte es, einen Angriff zurückzuschlagen. Die Kosaken ritten aneinander vorbei, tauschten Schläge und stießen Raubvogelschreie aus. Auch Dimitri jagte auf seinem Pferd im Getümmel umher. Die Bojaren aus Moskau sahen es mit Entsetzen. Schließlich kehrte wieder Ordnung auf dem Felde ein. Kommandorufe führten die Hundertschaften auf ihre Plätze zurück. Dimitri wandte sich an die Bojaren und sagte lachend: »Nehmt es uns nicht übel. Wir mußten alte Freunde begrüßen.« Als er sah, daß die Bojaren

mißmutig blieben und auf die Kosaken abschätzige Blicke warfen, sagte er: »Diese nennen sich selber Räuber. Aber niemand soll gering von ihnen denken, denn sie bringen Rußland eine Provinz ein, die sich sehen lassen kann: das Wilde Feld.«
Begeistert stimmten die Kosaken Dimitri zu. Die Bojaren sahen einander betroffen an; so hatte noch kein Zar zu ihnen gesprochen.
»Was halten wir uns hier noch länger auf!« sagte Dimitri, belustigt durch das Bild, das die bärtigen Abgesandten boten. »Ziehen wir nach Moskau.«

16

Einzug in Moskau

In Moskau war der ergebene Bojar Wassili Schuiski zurückgeblieben. Der erste Ratgeber Godunows, Sieger von Dobrynitschi und Verräter von Moskau beeilte sich, die Stunde zu nutzen. Kaum waren die dreißig vom Volk gewählten Männer nach Tula unterwegs, ließ Schuiski in ganz Moskau ausstreuen, auf dem Roten Platz werde ›von jenem Mann, der dazu vor allen anderen berufen sei‹, ein Zeugnis für den Zarensohn Dimitri abgelegt. Viele Moskauer kamen. Als Schuiski im Erlösertor erschien, zum Richtplatz ritt und den Steinsockel bestieg, waren alle starr. Viele waren vor vierzehn Jahren dabeigewesen, als dieser Bojar verkündet hatte, der Knabe Dimitri sei tödlich verunglückt; alle anderen hatten davon gehört. Schuiski sah sich lauernden Blicken

gegenüber, einem feindseligen Schweigen. Es störte ihn nicht. Mit durchdringender Stimme sagte er: »Ihr Moskauer, ihr erwartet nun den Mann, der nach dem falschen Zaren Boris unser Zar sein wird. Ihn hat Boris Godunow verdächtigt, er sei nicht der Zarensohn Dimitri. Boris Godunow war ein großer Lügner, und solange ihm die Macht gegeben war, zwang er auch andere zu lügen. Unter Androhung des Todes hat er mich genötigt, vor euch zu behaupten, Dimitri sei tot. Nun ist die Stunde der Wahrheit da. Und ich, Untersuchungsrichter von Uglitsch, kann euch versichern, daß anstelle von Dimitri der Popensohn Istomin getötet wurde – auf Befehl Godunows. Er wußte nichts vom Knaben Istomin, den ich zur rechten Zeit nach Uglitsch gebracht hatte, damit der Zarensohn dem Mörder entginge. Um Dimitri zu retten, mußte ich nach allen Seiten lügen. Ich hatte keine Wahl. Nur weil ich damals so gehandelt habe, kann heute Dimitri nach Moskau ziehen. Ich bezeuge es: Er ist der wahre Sohn des Zaren Iwan.«
Gemurmel erhob sich. Dann stiegen Schreie auf: »Es lebe Schuiski! Schuiski der Retter!«
Schuiski winkte ab. Die Menge beruhigte sich. Er fuhr mit erhobener Stimme fort: »Moskau erwartet seinen neuen Zaren. Aber noch leben in seinen Mauern Menschen, die in Dimitri einen Aufrührer sehen, einen Betrüger und ihren Todfeind. Verbirgt sich nicht im Kreml ein junger Mann, der auf Befehl seines Vaters Boris Godunow zum Zaren ausgerufen wurde und der es wagt, auch jetzt noch zu sagen, er sei der Zar? Ist dort nicht die falsche Zarin Marja versteckt, Tochter des vielfachen Mörders Skuratow? Hat sie nicht die Stirn, sich Regentin zu nennen? Man sollte diese Brut aus ihren Schlupfwinkeln holen, sie und ihren Anhang, damit Dimitri einen Kreml vorfindet, aus dem die Spur Godunows ausgetilgt ist!«
Wildere Schreie wurden nun laut. »Vertilgt die Mörderbrut! Den falschen Zaren!«

Die Menge setzte sich in Bewegung, schob sich gegen die Kremltore vor und staute sich dort. Die Kremlwachen versuchten Widerstand zu leisten. Sie wurden entwaffnet. Mit Gewehren in den Händen stürmten Männer aus dem Volk durch das Erlösertor. Der Palast Godunows wurde rasch umzingelt. Die Strelitzen, die dort auf Posten standen, schlossen sich den Aufständischen an. Sie drangen in die Palasträume ein. Die Zarin Marja und der Sohn Godunows wurden erwürgt. Die Zarentochter Xenia ließ der Bojar Moltschanow, der den Anführer spielte, in ein vergittertes Zimmer bringen. »Damit Dimitri ein Vögelchen im Käfig findet«, sagte er höhnisch. Alle Anhänger Godunows, die sich im Palast versteckt gehalten hatten, wurden verschleppt. Die aufgebrachte Menge plünderte den Palast, im Weinkeller tranken sich zehn Menschen zu Tode.
Schuiski war zufrieden. In den Augen der Moskauer war er nun der Mann, der Dimitri nicht nur gerettet hatte, sondern ihn auch rächte.
Am zwanzigsten Juni um die Mittagstunde zog Dimitri an der Spitze seiner Truppen über den Roten Platz in den Kreml ein. Das Volk jubelte ihm zu. Die begeisterten Schreie mischten sich mit dem Glockengeläut, das die Luft über Moskau in Aufruhr versetzte. Die ›Glocke von Moskau‹ im Glockenturm Kleiner Peter, die bei allen feierlichen Anlässen als erste Glocke geläutet wurde, hatte den Reigen eröffnet. Dann waren die Glocken des Großen Iwan in Bewegung geraten, die Glocken ›Sonntag‹, ›Feiertag‹ und ›Werktag‹, die ›Brüllende‹ und die übrigen neunundzwanzig Glocken, die unter der goldenen Turmhaube hingen. Schließlich hatten die Glocken der zweitausend Kirchen, Klöster und Kapellen von Moskau ihre Stimmen erhoben. Sie erfüllten die Stadt mit einem Gedröhn, von dem alle Worte verschlungen wurden. Kinder streuten Blumen vor die Hufe der Pferde, Frauen warfen sich auf die Knie und weinten vor Freude. Dimitri ritt durch das Erlösertor und entblößte wie jeder Russe

seinen Kopf, als er zum uralten Christusbild über dem Torbogen aufsah. Er begab sich in die Erzengel-Kathedrale, in der die Zaren begraben liegen.

Auf dem großen Kremlplatz sprach er zum Volk. Er lobte die Russen dafür, daß sie in schrecklichen Zeiten nicht den Mut verloren hatten. »Diese Zeiten sind nun abgelaufen«, sagte er. »Ich will die Angst aus Rußland verbannen. Niemand soll Rache fürchten. Auf keinen, der früher einem andern gedient hat, wartet der Richtplatz oder der Kerker. Was in den Tagen vor meiner Ankunft hier geschah, findet nicht meinen Beifall. Jeder, der an die Macht kommt, muß sich entscheiden, ob er in Tyrannei oder in Güte herrschen will. Ich habe mich gegen die Tyrannei erklärt und will mich an mein Versprechen halten, kein Blut zu vergießen.«

Das Volk nahm diese Worte mit Jubel auf. Nun traten die Fürsten Bjelski und Mstislawski vor, der Vormund und der Pate Dimitris. Beide erklärten: »Dies ist Dimitri, der Zarensohn.« Beide küßten darauf das Kreuz.

Die Menschen auf dem Kremlplatz riefen: »Es lebe Dimitri, der neue Zar!« Der Ruf hallte über die Kremlmauern und wurde in ganz Moskau weitergegeben.

Dritter Teil

Ein junger Zar im Kreml

I

Die Begegnung mit der Mutter

Der junge Zar feierte mit seinem Volk. In den Kreml wurden siebzigtausend Gäste eingeladen. Hunderttausende wurden außerhalb der Kremlmauer auf den Plätzen bewirtet. Die Stadt widerhallte von fröhlichen Liedern. Zum ersten Mal erklangen im Kreml Instrumente, die Musikanten aus Polen mitgebracht hatten, Geigen und Flöten, Trompeten und Oboen.
Der junge Zar ging unter seinen Gästen umher. Das hatte noch kein Zar vor ihm getan – sie alle hatten sich vom Volk ferngehalten. Dimitri hatte für alle Soldaten, auch die Kremlwachen, Befehl gegeben, die Waffen abzulegen. Die Pagen trugen Prunkwaffen mit stumpfen Klingen. Nichts sollte an Krieg und Gewalttat erinnern.
Vor dem Godunow-Palast stand eine Kanone, größer als jede andere in Rußland. Sie wog vierzig Tonnen, und die Kugeln, die neben ihren eisernen Rädern lagen, waren zwei Tonnen schwer. Ein Bronzelöwe saß unter ihrem riesigen Maul und ließ es noch bedrohlicher erscheinen.
Dimitri sah sich die Kanone an, die Godunow hatte aufstellen lassen, und bemerkte: »Sie nimmt viel Platz weg.«
»Sie hat noch nie gebrüllt«, sagte ein Bojar, »noch nie ist ein Schuß aus ihr abgefeuert worden.«
»Dann ist sie meine Freundin«, erklärte Dimitri. »Sie kann bleiben, wenn sie weiter so angenehm schweigt.«
Das Volk feierte eine ganze Woche. Dimitri aber machte sich an die Arbeit. Schon am dritten Tag rief er die Duma zusammen, die Männer, die ihn beraten sollten. Zur Duma gehörten fast

ausschließlich Bojaren. Dimitri erweiterte die Versammlung durch Vertreter aus dem Volk. Zum neuen Patriarchen von Moskau ernannte er den Griechen Ignatius, einen Mann von unantastbarem Ruf. Hiob, der Patriarch Godunows, der Dimitri mit dem Bannfluch belegt hatte, wurde in das Kloster Staritza versetzt; weiter geschah ihm nichts. Auch Xenia ließ Dimitri in ein Kloster bringen, in dem sie vor jeder Rache sicher war. Nicht ein Anhänger des gewesenen Zaren wurde verfolgt.

Ohne Aufschub ging Dimitri daran, die Schäden zu beseitigen, die Boris Godunow angerichtet hatte. Dimitri gab bekannt, er sei bereit, die Gläubiger Rußlands abzufinden. Das erregte nicht weniger Aufsehen als die Begnadigung des Patriarchen Hiob. Die Gehälter für Beamte und Soldaten ließ Dimitri verdoppeln, um Bestechungen vorzubeugen. Das Heer hatte er zum größten Teil entlassen. Er ordnete an, alle Ämter zu überprüfen. »Es scheint da manche Stellen zu geben wie in einem Sumpf, in dem so manches verschwindet, lautlos und für immer«, sagte Dimitri in der Duma.

Er verbot die Ausstellung von Wucherurkunden. Dagegen erhielten Handeltreibende Pässe. Für die Bauern wurde ein Gesetz vorbereitet, das ihr Los erleichtern sollte.

Wer von Godunow verbannt worden war, wurde zurückgeholt, sogar die Gebeine derer, die in der Verbannung gestorben waren. Auch der geblendete Tatarenfürst Semjon kehrte in sein Stadthaus in Moskau zurück und wurde von Dimitri mit Ehren überhäuft.

Die ersten Abgesandten hatte Dimitri in das Nikolaus-Kloster bei Tscherepowetz geschickt, in dem die Nonne Marfa seit siebzehn Jahren lebte, fünfhundert Werst von Moskau. Eine Schar ausgesuchter Männer suchte Marfa an ihrem Verbannungsort auf und bat sie im Namen Dimitris, nach Moskau zu kommen und im Wosnessenski-Kloster im Kreml Gemächer zu beziehen, einer Zarenmutter würdig. Marfa trat die Reise unverzüglich an.

Dimitri zog ihr bis Tainskoje, einem kleinen Dorf, entgegen. In einem Zelt auf freiem Feld empfing Marfa den jungen Zaren. Die Begegnung fand unter vier Augen statt. Niemand sah, wie Marfa Dimitri in ihre Arme schloß, niemand hörte, was bei dieser Begegnung gesprochen wurde. Auf dem Felde hatten sich viele Bauern versammelt. Sie warteten schweigend und blickten auf das Zelt, bis der Vorhang im Zelteingang zurückgeschlagen wurde. Marfa, noch immer im Gewand einer Nonne, trat wie eine Zarin auf, um Jahre verjüngt. Dimitri verbarg nicht seine tiefe Erregung. Er führte Marfa zum Wagen, der sie nach Moskau bringen sollte, half ihr beim Einsteigen und ging ein Stück neben dem Wagen her, ehe er sich auf sein Pferd schwang. Marfa winkte aus dem Wagen, Dimitri vom Pferd. Da löste sich der Bann, in den alle Zuschauer geschlagen waren. Hochrufe für Dimitri und seine Mutter hallten über das Feld, bis Wagen und Reiter verschwunden waren. Im Wosnessenski-Kloster richtete sich Marfa wie in einer Residenz ein. Dimitri besuchte sie dort täglich. In ganz Rußland sprach man von der Begegnung auf dem Feld, bei der die Mutter ihren Sohn nach vierzehn Jahren erkannte.

Marfas Brüder, die Fürsten Grigor und Michail Nagoj, die Godunow hatte foltern und einkerkern lassen, kehrten ebenfalls in den Kreml zurück. Sie wurden wie die Atamane und Bojaren, die am Zug nach Moskau teilgenommen hatten, zu Beratungen zugezogen. Dimitris engste Vertraute waren neben dem Pater Sawitzki und seinem Geheimschreiber Grischa Otrepjew der Ataman Korella und Pjotr Basmanow. Diese beiden galten beim Volk als Dimitris Freunde und wurden von den Bojaren mit Neid angesehen.

Die polnischen Pane, auch den Woiwoden Mnischek entließ Dimitri mit reichen Geschenken. Sie zogen in ihre Heimat mit dem laut verkündeten Vorsatz, zur großen Hochzeit wiederzukommen.

Der ergebene Bojar Wassili Schuiski wurde zwar in die Duma

berufen, einen besonderen Rang erhielt er jedoch nicht. Weder der junge Zar noch die Zarenmutter zeichneten ihn vor den anderen aus. Das wurde vom einfachen Volk mit Genugtuung beobachtet, von den Hochgestellten mit Schadenfreude; denn Schuiski war bei niemandem beliebt.
Die Moskauer sahen auch, wie streng Dimitri die anderen Bojaren im Zaum hielt. Er war ihnen in jeder Weise überlegen und ließ sich durch die Bärtigen nicht hindern, altererbte Rechte zu beschneiden und den Unterdrückten das Leben zu erleichtern.
»Wäre er nur schon früher gekommen!« wurde gesagt. »Die dunkle Zeit hätte früher ein Ende gefunden.«
Darauf erwiderte ein alter Bauer: »Die Sonne fragt nicht nach der Uhr – sie geht auf, und es wird Tag.«

2

Bojarenbärte

Die Bojaren sahen mit wachsender Besorgnis, daß der junge Zar mit jedermann sprach, ohne Unterschiede zu machen, ›wie es sich für einen Zaren gehört‹. Er ging auch auf der Straße zu Fuß. Die Bojaren hielten das für unter ihrer Würde. Sie bestiegen in den Höfen ihrer Häuser ein Pferd, um nicht Schmutz an ihre Füße zu bringen. Diener liefen schreiend vor ihnen her, um Hindernisse aus dem Weg zu räumen, und am Sattelknauf jedes Bojarenpferdes hing eine kleine Pauke, die der Bojar mit dem Stiel seiner Knute schlug, um sein Kommen von weitem anzumelden.

Der junge Zar trug einen kurzen Rock und enge Hosen, ›wie sie jeder gewöhnliche Pole anhatte‹. Die Bojaren steckten in langen, reichbestickten Mänteln, sommers wie winters, sie hatten auf dem Kopf kostbare Zobelfellmützen, die sie auch bei Beratungen aufbehielten, während Dimitri nichts dabei fand, sein rotes Haar zu zeigen. Dimitri setzte sich zu seinen Kosaken, zu seinen Bauern, zu seinen Schreibern. Die Bojaren wachten eifersüchtig darüber, daß sie auf den Platz zu sitzen kamen, der ihnen nach altem Herkommen zustand. Als an einer Festtafel einem Bojaren ein Platz angewiesen wurde, der nach seiner Meinung zwei Stühle zu weit vom Zaren entfernt stand, wollte er sich nicht setzen. Es gab Lärm um den widerspenstigen Gast. Dimitri sah zu und sagte nichts. Zwei Atamane, die es ärgerte, daß der Bojar sich so zierte, setzten ihn mit Gewalt auf den zugedachten Stuhl. Da entwischte der Bojar, ›um der Schande zu entgehen‹, unter den Tisch und kam erst wieder zum Vorschein, als die Tafel nach zwei Stunden aufgehoben wurde.

In der Duma versuchte der junge Zar, die Bojaren für seine Pläne zu gewinnen. Er prangerte Unterwürfigkeit an und ermutigte jeden, offen seine Meinung zu sagen. Manche Bojaren taten das auch. Dann zeigte sich, daß sie nicht geübt waren, ihre Gedanken überzeugend vorzubringen. Sie sträubten sich gegen jede neue Ansicht. Ihre Sätze kamen wie eingelernte Formeln, sie verwikkelten sich in Widersprüche und glotzten Dimitri verständnislos an, wenn er auf genaue Angaben drängte. Sie fühlten sich gekränkt und nicht so behandelt, wie es ihrem Rang gemäß war. Mancher saß da wie ein vertropftes Talglicht, mancher wie ein alter Pilz auf einem Baumstumpf. Sie alle hörten höchstens mit dem Rand vom Ohr zu. Wenn aber einer von ihnen redete, konnten sich die anderen auf seinen Worten ausschlafen. Dann stand Dimitri zornig auf.

»Was seht ihr alles durch verrußte Gläser?« fragte er sie, wenn sie nichts als grundlose Einwände vorbrachten. »Ihr seid gegen jede Neuerung. Alles soll so bleiben, wie es immer war. Alles Neue ist euch verdächtig, nur weil es neu ist. Alles Fremde haltet ihr für schlecht, nur weil es fremd ist. Die Neger streichen ihre Teufel weiß an, weil sie selber schwarz sind; ihr verteufelt jeden, der kein Russe ist. Was habt ihr gegen die Fremden?«

Ein Bojar stand auf: »Wir sind zu allen Zeiten ohne sie ausgekommen.«

Dimitri sagte: »Sie hatten keinen Zutritt zu unserem Land – daher hat sich so wenig bei uns geändert.«

»Es war gut, wie es war«, behauptete ein Bojar.

»Gut für wen?« fragte Dimitri. »Doch nur für jene, die als Kinder von Herren geboren wurden. Und nicht einmal für sie. Waren nicht auch sie einer Willkür ausgesetzt, die Rußlands Herrscher von den Mongolen-Khanen übernahmen, die so lange ihre Herren waren? Dieses Fremde in unserem Wesen sollten wir abstoßen. Aber Tatarentücke und tatarische Grausamkeit werden von den Russen ertragen. Was dagegen von Westen kommt, ist uns verdächtig. Ich werde die Grenzen öffnen, damit einer zum andern kommen kann, Italiener, Polen und Deutsche zu uns und wir zu ihnen. Warum sollte nicht einer vom andern lernen?«

»Weil es unser russisches Wesen verdirbt!« rief der Bojar Moltschanow, zornrot im Gesicht. »Diese Fremden gehen auf russischer Erde, sie leben in Häusern, von Russen gebaut, manche von ihnen tragen sogar russische Kleider; und so stehlen sie den Segen, der vom Himmel für die Russen bestimmt ist. Mit Recht wurden diese Fremden in früheren Zeiten aus Moskau ausgewiesen, damit sie in einer Stadt für sich wohnten, abgesondert von uns –«

»– womit ihnen so wehe geschah wie dem Krebs, den man in einen Bach wirft«, spottete Dimitri.

Der Bojar setzte sich und wischte Speichelfetzen aus seinem Bart. Dimitri sah sich diese Bärtigen an, die da an den Wänden des Saales saßen. Er betrachtete die Bärte: Bocksbärte, Herbstbärte,

Dickichtbärte, Rauschebärte – Bojarenbärte aller Arten, finstere Bärte unter finsteren Gesichtern. Der Anblick belustigte Dimitri. Nur mit Mühe konnte er verhindern, daß er in Lachen ausbrach. Er schloß die Sitzung und verließ den Raum. Draußen warteten drei Zarenpferde auf ihn, lammfromme Zelter. So war es Brauch. Ein brokatüberzogener Schemel stand bereit, damit der Zar seinen Fuß ohne jede Schwierigkeit in den Steigbügel setzen konnte. Zwei Bojaren traten vor, um dem Zaren in den Sattel zu helfen. Dimitri nahm keins der drei Zarenpferde. Er musterte die Pferde der Kosaken, die ihn begleiten sollten, ergriff das wildeste Pferd am Zügel, schwang sich ohne Schemel und Steigbügelhalter in den Sattel und sprengte davon. Sandkörner wirbelten über die Köpfe. Die Bojaren erschraken über diesen Zaren, der sich wie ein Kosak benahm und mit allen Regeln brach, die ihnen heilig waren. Dimitri ließ nicht zu, daß ihm nach Empfängen ein Waschbekken und ein Handtuch gereicht wurden – er fühlte sich von der Berührung mit Fremden nicht beschmutzt. Er verscheuchte den Schwarm der Hofbeamten, deren Aufgabe darin bestand, den unreinen Atem des Volkes von der Person des Herrschers abzuhalten. Nie griff er zum Zarenstab mit der eisernen Spitze. Er ließ alle roten Beile aus dem Kreml entfernen und die Goldmünzen mit den Eisenkernen einziehen. Niemand brauchte ihm eine Eisenelle abzukaufen. Die Bauern und Handwerker und Kaufleute waren ihm dafür dankbar. Doch die Bojaren fühlten sich zurückgesetzt. Sie hatten die Kränkung von Tula nicht verwunden. Und nun, da er täglich in ihre Rechte eingriff, ihre Trägheit und Trunksucht an den Pranger stellte, fingen sie an, ihn zu belauern.

3

In der Stunde des Schlafes

Seit die Großfürsten von Moskau das Joch der goldenen Horde abgeschüttelt hatten und zu Zaren aufgestiegen waren, verlief das Leben im Kreml in festen Formen. Die Tage waren genau eingeteilt, auch für den Zaren. Für alles gab es Vorschriften, die dazu dienten, den Herrscher über alle anderen hinauszuheben. Vor dem Zaren hatte sich jeder, ob Fürst, ob Bauer, so tief zu verbeugen, daß seine Stirn den Boden berührte.

Dimitri schaffte dieses ›Hauptschlagen‹ ab. Wer zu ihm kam, sollte ihm ins Gesicht blicken und mit ihm sprechen, wie er selber es für gut fand, nicht mit vorgeschriebenen Worten. Auch der junge Zar sprach so, daß ihn jeder verstand, nicht nur sein Hofstaat. Die Bojaren bemerkten es mit Verdruß. Es erregte ihr Mißfallen, daß Dimitri sich über alle Tischregeln wegsetzte und auch solche Speisen aß, die vor ihm noch kein Zar genossen hatte, weil sie als zu schlecht für den Zaren galten. Der junge Zar aß Kalbfleisch – ein großes Ärgernis; denn Kalbfleisch war Fleisch für die Untertanen. Dimitri liebte Tafelmusik. Geistliche und weltliche Herren hörten befremdet, daß bei Tisch Geigen und Flöten erklangen, Gamben und Oboen, Hörner und Trompeten, und als Dimitri sie nach den Gründen ihrer Ablehnung fragte, erklärten sie: »Instrumente haben weder Geist noch Leben, da sie tote Dinge sind. Musik aber soll nur aus Lebenden kommen, zum Lobe Gottes.«

Die Kremlräume wurden heller, weil Dimitri viele Leuchter anbringen ließ. Mehrmals am Tag wurden die Kremlfenster weit aufgemacht, auch jene, die nach alter Überlieferung nur an bestimmten Tagen geöffnet werden durften. Dimitri fand die Luft ›verbraucht von Lobrednern und Lügnern‹. Nach dem Mittagessen war auch für den Zaren ein zweistündiger Mittagsschlaf vorgesehen. Dimitri wollte davon nichts wissen. »Warum soll ich schlafen, wenn ich nicht müde bin«, fragte er den Bojaren Lodigin, der ihn beschworen hatte, wenigstens mit diesem Brauch nicht zu brechen. Der Bojar verwies auf die Schriften des Fürsten Monomach, in denen es heißt: Der Mittagsschlaf ist von Gott angeordnet. Denn am Mittag ruhen die Tiere von ihrem Lauf, die Vögel von ihren Flügen – so auch die Menschen von ihrem Tun. Da sagte Dimitri: »Wir verschlafen zuviel. Der Tag ist älter als wir, weil wir am Morgen nicht aus den Betten kommen. Soll ich mich auch noch um den Mittag betrügen?« Der Bojar sah ihn verständnislos an. Dimitri fragte ihn: »War ich nicht viel zu lange fort aus dieser Stadt, in der ich geboren wurde? Ich will sie kennenlernen.«

Fast täglich nutzte er die Stunde des Schlafes, um das steinerne Moskau und die Vorstädte zu durchstreifen. Er besuchte die Märkte für Holz und fertige Häuser, Viehmärkte, Kornbuden, Mühlen und Gießereien. Überall vergewisserte er sich über die Preise. Er sah sich in Läden und Werkstätten um, stellte Fragen über Fragen. Keiner der früheren Zaren hatte das getan. Ihre Stadt war der Kreml gewesen, eine Stadt mit zwei Klöstern und drei Kathedralen, mit zwölf kleineren Kirchen, und vielen Glokkentürmen, mit Palästen, Schatzhäusern, Kasernen, Arsenalen, eine Stadt hinter mächtigen roten Mauern, viertausend Schritte lang und zwanzig Meter hoch, hinter fünf Toren und einundzwanzig Türmen, uneinnehmbar auch für eine Übermacht. Die früheren Zaren hatten den Kreml selten verlassen, gewöhnlich nur an vorgeschriebenen Tagen, am Palmsonntag etwa. Das war der Tag, an dem der Zar zu Fuß auf den Roten Platz kam bis zum runden Steinsockel auf dem Richtplatz. Dort wartete eine lange Prozession mit dem Patriarchen von Moskau an der Spitze.

Der Patriarch hielt den ›Esel des Herrn‹ am Zügel, einen Grauschimmel, dem Eselohren aufgesetzt waren. Dieses sanfte Tier, ›das unsichtbar den Erlöser trug‹, führte der Zar in feierlichem Zug in den Kreml. Jeder Schritt war dabei festgelegt.

Dimitri ließ sich seine Wege nicht vorschreiben. Er kam auch in die Winkel, in denen die Hütten der Armen standen. Er sah Behausungen, so notdürftig hergerichtet, daß Stürme gelegentlich die Dächer fortrissen und Wolkenbrüche das Herdfeuer löschten.

»Was macht ihr dann?« fragte Dimitri die Leute.

»Herr«, sagte eine Frau, »wir Armen verlassen einander nicht. Wer kein Dach mehr über dem Kopf hat, trägt das Heiligenbild aus seiner Hütte und klopft damit bei seinem Nachbarn an. Und solange der noch ein ganzes Haus hat, läßt er seinen Bruder nicht im Nassen stehen.«

Am liebsten ging Dimitri auf die großen Märkte, die auf dem Roten Platz abgehalten wurden. Nur von Basmanow und Grischa begleitet, besuchte er die Gassen der Tuchhändler und Seidenkrämer, der Goldschmiede und Kürschner, der Schuster und Sattler und Münzenmacher und sah sich ihre Waren aufmerksam an. Er prüfte Ringe und Stoffe, Werkzeuge und Fässer und besichtigte die Schänken. Dort unterhielt er sich mit schmausenden Bauern, den Fuhrknechten und Wirten. Er störte sich nicht an den Wolken aus Gerüchen, die in den Räumen hingen. Als gehöre er zu ihnen, so trat er zu den Leuten, brachte sie durch ein Scherzwort zum Lachen und hörte sich ihre Geschichten an.

Als ein Wirt zögerte, ihm etwas anzubieten, weil ihm das, was er hatte, nicht gut genug vorkam, zog Dimitri ihn auf: »Bist wohl ein Geizkragen, Alter! Bist wie der Hund, der vor dem Heuhaufen hockt, selber kein Heu frißt, aber dem Ochsen, der eins haben will, nicht ein Maul davon gönnt!« Da lachte auch der Wirt. Dimitri lud alle zu Kwaß oder Bier ein und trank selber mit.

Er ging sogar auf den abgelegenen Platz, auf dem sich das Volk bei gutem Wetter unter freiem Himmel die Haare schneiden ließ, auf den Läusemarkt, der von einem dicken Teppich aus Haaren bedeckt war. In Kitaigorod, dem ältesten Stadtteil außer dem Kreml, in dem die Kaufleute neben Fuhrknechten wohnten, Bettler neben Gauklern, mischte sich Dimitri unter die Zuschauer, wo immer ein Schausteller Neugierige anzog. Er sparte nicht mit Beifall, wenn ihm etwas gefiel. In einem Winkel hatte da ein Mann sein Puppentheater. Er trug das Theater auf seinen Schultern, einen kleinen Guckkasten. Auf dieser Bühne traten Könige und Räuber auf, Hexen und Prinzessinnen, Krokodile und Löwen. Dimitri sah mit Vergnügen einem Stück zu, in dem ein Bojar mit großen Reden auftrat, aber um sein Leben rannte, als ein Bär erschien. Ein Bauer kam und vertrieb den Bären. Dimitri steckte dem Puppenspieler alle Rubel zu, die er bei sich hatte. Als er gegangen war, sagten die Leute: »Er ist ein Zar und ist doch einer von uns. Gott erhalte uns so einen Zaren!« Dimitri lehnte es ab, sich von Kremlwachen begleiten zu lassen. Zu Andrej Korella, der ihm vorschlug, wenigstens ein paar Kosaken als Begleiter mitzunehmen, sagte er: »Glaubst du, daß sich dann die Leute noch so geben würden, wie sie wirklich sind? Ihre Blicke würden so krumm wie die Säbel.«

Als Basmanow Soldaten in Bauernkleidern an die Plätze schickte, die der junge Zar besuchte, wurde er getadelt. »Das Volk ist meine Wache«, sagte Dimitri. »Nirgendwo bin ich so sicher wie in seiner Mitte.« Er sah Zweifel auf Basmanows Gesicht. »Und wenn es nicht so ist«, fuhr er fort, »was nützen dann Gewehre?«

4

Auf der Roten Treppe

Auch in den Ämtern war Dimitri häufig zu sehen. Die Beamten mußten immer darauf gefaßt sein, daß Dimitri in der Tür stand und lachend sagte: »Was macht ihr Gesichter wie die Katzen, wenn es donnert? Ich will nur sehen, ob die euch Unrecht tun, die euch Tintenegel nennen.«

Er legte seine Hand auf die Akten, die auf den Tischen lagen, und sah sie gründlich durch. Er ließ aus verstaubten Stößen Bündel hervorholen und machte Stichproben, ob der Vermerk ›erledigt‹ zu Recht auf den vergilbten Deckeln stand. Unterschlagungen wurden ohne Achtung eines Ranges bestraft. Die Aktenmühlen begannen rascher zu mahlen. Dimitris besonderes Interesse galt den Gerichten. Er stellte fest, daß es viele Richter gab, die ›um einer gründlichen Rechtsfindung willen‹ die Untersuchungen in die Länge zogen, ein Verfahren aussetzten, um die Kläger zu zermürben, die viel vertagten und viel vom Tisch wischten, die immer neue Zeugen hervorkratzten, wenn ein Angeklagter übersehen hatte, daß die Taschen im Richtermantel offenstanden. Bei Vernehmungen wurde gewöhnlich viel geraucht und sehr viel geredet; die Luft in den Räumen war oft so schlecht, daß auch die Aussagen schlecht davon wurden, das Gehör der Richter litt und die Sache, die zur Verhandlung stand, sich trübte wie eine Fensterscheibe, wenn das Teewasser zu lange im Samowar kocht. Mancher Richter verschleppte ein Verfahren, weil Zeugen Titel nicht richtig aussprachen oder weil ein Gerichtsdiener eine Tür aufmachte, um frische Luft hereinzulassen, ›und dadurch die Geheimhaltungspflicht verletzte‹.

Der junge Zar entlarvte solche Ausflüchte. Die Überprüfungen ergaben, daß die Wände mancher Gerichtsräume mit Meineiden gesättigt waren, so viel war gelogen und falsch geschworen worden. Einige Richter wurden abgelöst.

Jeden Mittwoch stand Dimitri für ein paar Stunden auf der Roten Treppe des Zarenpalastes, um sich Klagen anzuhören und Gesuche entgegenzunehmen. Auch frühere Zaren, alle bis auf Godunow, hatten jeden Mittwoch Bittsteller empfangen. Doch gewöhnlich hatten diese ihre Worte vergessen, wenn sie ihre Blicke zum Herrscher erhoben; dann hatten sie einen Menschen erblickt, der sich wie ein Gott gab, eingehüllt in einen goldstarrenden Mantel und unbeweglich.

Dimitri stand ohne Prunkmantel da, ohne Zarenstab, nur von einigen Schreibern umgeben, die aufschrieben, was die Bittsteller vorbrachten. Der junge Zar hörte geduldig zu. Wer in seiner Rede steckenblieb, weil ihm plötzlich aufging, daß er vor dem Zaren stand, der wurde ermuntert, weiterzusprechen, als stehe vor ihm sein eigener Bruder. »Sieh dich um!« sagte Dimitri zu Eingeschüchterten, »hinter dir warten noch viele, sie wollen alle an die Reihe kommen.« Immer fanden sich auch Zuhörer ein, unter die sich sogar Bojaren mischten. Gegen sie waren häufig die Beschwerden gerichtet, und sie erwarteten, daß in ihrer Gegenwart der Kläger seine Klage vergessen würde.

Dimitri entschied unbestechlich. Wer sich grundlos beklagte, wurde weggeschickt. Der Zar half denen, die unverschuldet in Not geraten waren. Wer mit seiner Beschwerde im Recht war, konnte sicher sein, daß sein Fall für ihn entschieden wurde.

Einmal war ein älterer Bauer gekommen, um Hilfe gegen seinen Herrn zu suchen, einen Bojaren, der seine Jugend hinter einem Bart versteckte.

»Er hat mich wie einen Hund an der Kette gehalten«, sagte der Bauer. »Übrigens steht dort der Bojar, damit ich ihn sehen und nicht reden soll.«

Dimitri rief den Bojaren näher und sagte zu ihm: »Ihr beide sollt reden, dann wird sich die Wahrheit leichter finden lassen. Rede du zuerst!«

Wütend sagte der Bojar: »Diesen Menschen habe ich von meinem Vater geerbt. Er hat es gewagt, mir davonzulaufen bis nach Astrachan, statt dort zu arbeiten, wo sein Arbeitsplatz ist.«

Dimitri fragte den Bauern: »Bist du ihm davongelaufen? Bis nach Astrachan?«

»Ja«, sagte der Bauer, »bis nach Astrachan.«

»Und warum bist du fort?«

»Weil mein Herr es mir erlaubt hat.«

»Hast du es ihm erlaubt?« fragte Dimitri den Bojaren.

»Ich war betrunken«, sagte der Bojar.

»Er war es noch, als ich aus Astrachan zurückkam«, sagte der Bauer. Die Zuhörer lachten.

»Du kamst zurück?« fragte Dimitri erstaunt. »Warum kamst du zurück?«

»Um die Rubelchen zu bringen, mit denen ich mich loskaufen wollte.«

»Viele Rubelchen?«

»Ja, viele. So viele, wie der Herr gefordert hat.«

»Und woher hattest du die Rubel? Zusammengeraubt?«

»Herr!« verwahrte sich der Bauer. »Der Weg war weit. Hundertzehn Tage habe ich ein Floß steuern helfen – die Oka und die Wolga hinab bis nach Astrachan, bis zum Kaspischen Meer. Das hat die Hälfte der Rubel eingebracht. Und dann habe ich jede Arbeit angenommen, die auf meinem Weg lag. Bei Filzwalkern war ich, bei Nagelschmieden und Äxtemachern; überall habe ich runde Rubelchen verdient und habe nicht ein Rubelchen davonrollen lassen, sondern alle meinem Herrn, dem Bojaren, gebracht. Er hat mich nicht mehr erkannt, als ich bei ihm ankam, weil ich nur noch die Hälfte von mir selbst war.«

»War das so?« fragte Dimitri den Bojaren.

»Warum ist er fortgelaufen!« sagte der Bojar unwillig.
»Und du hast die Rubelchen angenommen?«
»War das etwa nicht mein Recht?«
»Und warum hast du ihn an die Kette gelegt?«
»Weil ich fürchten mußte, daß er wieder davonläuft.«
»Aber hatte er sich denn nicht losgekauft? Fehlten noch Rubel?«
»Nicht Rubel – Tage! Sechshundertzwanzig Tage. So lange war er unterwegs gewesen, und diese Tage war er mir noch schuldig.«
Da trat der Bauer vor und sagte zu Dimitri: »Wenn unsereiner auszieht, um Geld zu verdienen, so braucht das seine Zeit. Das ist wie wenn man mit einem Sack den Wind fangen will oder Sterne mit einem Sieb aus dem Brunnen fischen.«
»Du hast das geschafft«, sagte Dimitri, »da ist nichts auszusetzen. Und du wirst von mir alle Rubelchen bekommen, die du auf dem Weg nach Astrachan verdient hast. Du aber«, sagte er zum Bojaren, »hast deinen Bart so sehr bespuckt, daß er nicht mehr sauber werden kann, auch wenn du ihn hundert Stunden waschen solltest. Darum wollen wir ihn wegschneiden von deinem Gesicht.«
Der Bojar wich zurück. Der Bart war für ihn das Zeichen seiner Würde. Eher trennt sich ein Bojar von seinen Gütern als vom Bojarenbart.
Auf einen Wink Dimitris wurde eine Schere gebracht. Zwei Kosaken hielten den Bojaren fest, und dann fiel sein Bart. Der Bojar war schreckensbleich als die Kosaken ihn losließen. Langsam faßte er sich, und plötzlich fing er fürchterlich zu lachen an.
»Warum lachst du?« wollte Dimitri wissen.
Da sagte der Bojar: »Ein Bart wächst wieder nach, dein Vater hat die Köpfe abschneiden lassen –«
»Verschwinde!« sagte Dimitri ruhig. Der Bojar verzog sich, die Hände an seine Wangen gepreßt, von Spottrufen begleitet.

5

Das Richtbeil

Über diesen Vorfall waren die Bojaren außer sich. »Er nimmt uns nicht die Köpfe, er nimmt uns das Gesicht«, behauptete Wassili Schuiski. Er traf sich immer mit den gleichen Bojaren, besonders aber mit Kurakin und Golitzin und dem Fürsten Tatischtschew, der wegen seiner Rohheit berüchtigt war.
Dimitri wurde von seinen Freunden gewarnt. Korella übergab ihm eine Liste mit den Namen der Bojaren, die er für gefährlich hielt. Ganz oben stand Wassili Schuiski.
Dimitri warf nur einen Blick auf das Blatt, dann gab er es dem Ataman zurück. »Ich weiß, daß sie nicht meine Freunde sind«, sagte er. »Aber wenn ich erst anfange, ihren Ränken nachzugehen, komme ich zu weit von meinem Wege ab.«
Da geschah es, daß auf offener Straße, mitten in Kitaigorod ein Mann in Lumpen Dimitri in den Weg trat und ihn anschrie: »Gott läßt dir sagen, daß er dich bald vor sein Gericht rufen wird, du Betrüger von Moskau! Du hast dich mit drei Teufeln eingelassen. Der erste Teufel hat dir einen Arm gekürzt, der zweite ein Mal unter dein Auge gespuckt, der dritte hat in deine Haare geblasen, daß sie wie Feuer brennen, du Verruchter, auf den die Hölle wartet!«
Die Menschen, die auf der Straße waren, wichen zurück.
»Ein Gottbegnadeter, ein Jurodiwy!« wurde geflüstert. Pjotr Basmanow wollte den Menschen ergreifen.
»Laß ihn!« sagte Dimitri.
»Er ist irre«, sagte Pjotr, »er weiß nicht, was er sagt.«
»Er weiß es sehr genau«, sagte Dimitri. »Er hat seine Rolle gut

gelernt. – Wieviel hast du bekommen?« fragte er den Mann, dessen Blicke unsicher wurden. »Er will es uns nicht sagen«, fuhr Dimitri fort, »aber wir werden es gleich wissen. Seht doch einmal nach, was an dem Strick hängt, den er um den Hals trägt!« Basmanow griff zu. Er zog am Strick, ein voller Beutel kam zum Vorschein.

»Ein seltsamer Jurodiwy!« spottete Dimitri. »Trennt sich nicht einmal bei seinem großen Auftritt von seinem Judaslohn!«

Die Menge schrie auf, sie wollten den Verräter ergreifen und auf der Stelle töten.

Dimitri sagte: »Er steht unter meinem Schutz. Man hat ihn verführt. Wir werden uns um die Verführer kümmern.«

Noch in der gleichen Stunde wurde Schuiski verhaftet. Korella und Basmanow drängten Dimitri, alle Verdächtigen festzunehmen. Dimitri ließ nur Schuiskis engste Freunde abführen. Bei Kurakin wurden Briefe entdeckt, die den Nachweis für eine Verschwörung enthielten.

»Rotte sie aus!« verlangte Korella. »Sie wollten dich hinterhältig umbringen – du mußt sie zertreten!«

»Sie werden sich vor einem Gericht verantworten«, entschied Dimitri.

»Das hat es in Rußland noch nicht gegeben«, sagte Basmanow.

Dimitri blieb bei seiner Entscheidung. Männer aus allen Ständen wurden berufen. Sie traten zusammen und begannen die Verhöre. Als erster wurde Schuiski vernommen. Er streifte die Richter mit verächtlichen Blicken.

»Man hat Briefe bei Kurakin gefunden«, wurde ihm vorgehalten.

»Ich kenne diese Briefe«, gab Schuiski zu, »sie wären besser nicht geschrieben worden.«

»Hast du auch von diesem ›Jurodiwy‹ gewußt?«

»Ich habe ihn auf die Straße geschickt«, erklärte Schuiski. »Auch das war ein Fehler.«

»Du bedauerst also, was geschehen ist?«
»Ich bedaure, daß alles fehlgeschlagen ist. Wir haben Dimitri unterschätzt.«
Auch die anderen Verschwörer bekannten sich schuldig. Sie sagten: »Dieser Zar ist gegen uns Bojaren. Warum sollten wir nicht gegen ihn sein?«
Ein Richter fragte Schuiski: »Aber du hast doch erklärt, du habest den Zarensohn Dimitri gerettet?«
Darauf gab Schuiski keine Antwort. Die Richter verurteilten ihn und seine Mitverschworenen zum Tode.
Ganz Moskau war in großer Erregung. Als die Verurteilten zum Richtplatz geführt wurden, durchbrachen viele die Postenketten und spuckten den Bojaren ins Gesicht. Tatischtschew, Kurakin und Golitzin waren bleich. Schuiski ging gelassen zum Roten Sokkel, auf dem ein Blutgerüst aufgebaut war. Er stieg vor den anderen die Stufen hinauf, auf den Lippen ein verächtliches Lächeln. Männer und Frauen reckten sich. Sie wollten den Kopf des Verräters fallen sehen, der sie so schamlos belogen hatte. Schmährufe hallten über den Platz, dann wurde es still. Schuiski trat an den Richtblock. Er kniete nieder und beugte sich vor. Der Henker hob das Beil. Aber er schlug nicht zu. Nach einer Weile ließ er es sinken und berührte Schuiskis Schulter. »Du kannst aufstehen«, sagte er.
Schuiski erhob sich. Er blickte ungerührt über die Menge hin. »Was soll das?« fragte er.
Ein Richter stellte sich auf die Stufen des Sockels und gab einen Zarenerlaß bekannt: »Die Bojaren Schuiski, Kurakin und Golitzin und Tatischtschew, vom Gericht des Landes zum Tode verurteilt, sind vom Richterblock weg in die Verbannung zu führen. Der Zar gedenkt sein Versprechen zu halten, niemals eines Menschen Blut zu vergießen, auch wenn sein eigenes Leben bedroht worden ist.«
Die Menschen hörten die Worte mit ungläubigem Staunen. Viele

von denen, die auf dem Roten Platz versammelt waren, hatten noch gesehen, wie der Zar Iwan Bojaren wegen geringfügiger Vergehen ›oder wegen nichts‹ auf schreckliche Weise hatte töten lassen. Nun sagten manche: »Ist eine neue Zeit angebrochen? Leben wir auf einer neuen Erde, unter einem neuen Himmel, daß ein Zar so großmütig sein kann?«

Andere sagten: »Werden nicht die Schlimmen ermutigt? Werden sie nicht ihre Köpfe heben? Wie wird es enden?«

Dimitris Freunde waren außer sich, als sie erfuhren, daß die Verschwörer nicht hingerichtet worden seien. Dimitri hatte seinen Entschluß gefaßt, ohne Basmanow und Korella zu befragen. Korella warnte Dimitri: »Du hast deinen Mördern das Leben geschenkt. Sie werden es dir danken – auf ihre Weise.«

Basmanow schlug vor: »Schick diese Verräter ans Ende der Welt, nach Sibirien oder hinter das Kaspische Meer, schick sie an einen Ort, von dem es kein Zurück gibt!«

»Es genügt, daß sie aus Moskau verschwinden«, sagte Dimitri. »Sie haben eine Lehre erhalten und gesehen, daß sie das Volk nicht auf ihre Seite bringen können – nicht durch die Mittel, die sie einzusetzen haben.«

»Das Volk –!« sagte Basmanow und warf unwillig den Kopf hoch. Ein Blick Dimitris brachte ihn zum Verstummen.

»Er schlägt alle Warnungen in den Wind«, sagte Korella zu Basmanow, als er mit ihm allein war. »Er setzt auf seine Russen.«

»Und auf seine Polen!« sagte Basmanow in einem Ton, der seine Abneigung deutlich verriet.

6

Ein Bojar in Krakau

Die polnischen Pane waren bei ihrem Abzug aus Moskau von Dimitri reich beschenkt worden, vor allem Pan Mnischek. Nun zeigte sich, daß der Woiwode unersättlich war. Er schraubte seine Ansprüche immer höher und hielt Dimitri hin. Im Vertrag war vorgesehen, daß die Hochzeit gefeiert werden sollte, sobald der Zarensohn den Thron bestiegen habe. Seit dem 30. Juli war Dimitri gekrönter Zar. Dimitri schickte Kuriere nach Sandomir. Mnischek antwortete mit Ausflüchten: Marinas Gesundheit sei angegriffen. Auch er selber fühle sich der weiten Reise nach den Entbehrungen des Feldzugs noch nicht gewachsen. Er verlangte die vorherige Verbriefung der Übergabe aller zugesagten Ländereien. Dimitri ließ die Verbriefung vornehmen. Nun forderte Mnischek die gesamte Summe, die als ›Morgengabe‹ vorgesehen war: eine runde Million Rubel. Dimitri versprach die Summe in Moskau auszuzahlen. Mnischek bestand auf einer Zahlung in Polen. Dann kam er mit einem neuen Einfall, der eine Herbstreise nach Moskau unmöglich machte. Er schrieb an Dimitri: »Der König von Polen bedauert, daß er nicht zur Hochzeit nach Moskau kommen kann. Er hat meinem Vorschlag zugestimmt, der Hochzeit eine feierliche Verlobung im Königsschloß in Krakau vorangehen zu lassen, zu der du einen Großen deines Reiches schicken magst, der dich würdig vertritt.«

Dimitris Freunde waren empört. Sie hatten das Recht, jederzeit frei ihre Meinung zu sagen. Korella sagte: »Der Pan von Sandomir ist sehr erfinderisch. Aber nun hat er den Bogen überspannt. Die Russen werden aufbegehren, wenn du ihm nachgibst.«

»Was schlagt ihr vor?« fragte Dimitri.
Da sagte Basmanow: »Es mag sein, daß du dem Pan Mnischek manches verdankst. Er hat in Polen den Boden für dich bereitet, er hat dich beim König eingeführt. Er hat dir die Hand seiner Tochter versprochen. Aber hatte er es nicht sehr eilig, sich abzusetzen, als er deine Sache für verloren hielt? Und nun stellt er Forderungen ohne jedes Maß. Hat er vergessen, daß er ein Pan ist, du aber der Zar?«
Dimitri sagte: »Er hat ein Recht, auf den Vertrag zu pochen, den ich mit ihm geschlossen habe.«
»Im Vertrag ist keine Rede von einer Verlobung in Krakau«, stellte Basmanow fest.
»Wir können nicht den König von Polen kränken«, sagte Dimitri.
»Nun gut«, sagte Korella. »Wen willst du als deinen Stellvertreter schicken?«
»Würdest du das auf dich nehmen?« fragte Dimitri.
»Ich bleibe lieber in deiner Nähe.«
»Ich auch«, sagte Basmanow.
Dimitri berief eine Duma-Sitzung ein. Er unterrichtete die Bojaren von der geplanten Verlobung in Gegenwart des Königs von Polen. »Einer von euch wird mich dabei vertreten«, sagte Dimitri. »Bestimmt ihr, wer es sein soll.«
Die Bojaren hatten eifrig zugehört. Nach lebhaftem Hin und Her machten sie den Vorschlag, den Ältesten der Duma, den würdigen Bojaren Athanasius Wlasjew nach Krakau zu entsenden. Wlasjew war ein gutmütiger Mann. Von seinem Gesicht waren nur Stirn und Nase zu sehen und die großen blauen Augen unter buschigen Brauen. Alles übrige war hinter einem Bart versteckt, der auch die Hälfte der Brust verdeckte. Von Gestalt war Wlasjew ein Bär. – So sähe Rußland aus, wäre Rußland ein Mensch, wurde von diesem Bojaren gesagt. Mit großem Gefolge, genauen Anweisungen und reichen Geschenken machte sich Wlas-

jew auf den Weg nach Polen. Als Anzahlung auf die festgesetzte Summe brachte er zweihunderttausend Goldrubel mit.

Die ›Verlobung per procura‹ wurde am 12. November im Königsschloß von Krakau gefeiert. Der gesamte Hofstaat nahm daran teil. Am Arm des Königs betrat die künftige Zarin den Saal, erwartet von der Gesandtschaft aus Moskau und vom Kardinal von Krakau, der die vorgeschriebenen Fragen stellen sollte. Der Bojar Wlasjew verstand nur Russisch. Alle Fragen mußte man ihm übersetzen. Er wartete auf jede Frage mit ängstlicher Spannung, beteuerte vor jeder Antwort, daß er nicht von sich aus antworte, sondern im Namen seines Herrn, des Zaren von Rußland. Das tat er mit einem Eifer, der belustigend wirkte. Einige Fragen brachten ihn in Verlegenheit, weil er sie nicht für festgelegte Formeln nahm. Als der Kardinal fragte: »Kannst du uns versichern, daß die erhabene Panin Marina die wahre und einzige Gemahlin sein wird für ewige Zeiten?« sagte Wlasjew verwirrt: »Das weiß nur der Zar.« Worauf der Kardinal den Bojaren belehrte, ehe er seine Frage wiederholte.

Dem Bären Wlasjew lief der Schweiß von der Stirn. Er wischte ihn mit seinen Pranken ab. Sein seidenes Taschentuch brachte er erst zum Vorschein, als der Kardinal ihm den Verlobungsring reichte mit der Aufforderung, ihn an den Ringfinger zu stecken. »Wie dürfte ich das tun!« verwahrte sich Wlasjew, »den Ring der Majestät an meiner Hand zu tragen!« Er wickelte den Ring mit großer Sorgfalt in das seidene Tuch, steckte es in seine Brusttasche und preßte seine rechte Hand auf die Stelle, um den Ring vor jedem Zugriff zu sichern.

Die Polen ergötzten sich an seinem Anblick. Die Begleiter Wlasjews fühlten sich verletzt. Als auf die Festtafel nicht eine einzige russische Speise kam, rührten einige von ihnen, auch Wlasjew, keinen Bissen an, sondern begnügten sich damit, ihren Groll mit Wein hinunterzuspülen. Sie tranken, bis alle fremden Gesichter für sie in einem Nebel untergingen.

Zurückgekehrt nach Moskau, berichteten sie vom Hochmut der Polen. »Sie haben den Ältesten der Duma zum Gespött gemacht«, sagten sie voll Zorn.
»Eine Zarin, die nicht unsere Sprache spricht«, wurde von vielen Bojaren bemängelt. Die Popen redeten untereinander: »Eine Zarin, die einen anderen Gott hat! Das muß den Himmel über Rußland kränken.« Daß ein Bojar sich dazu hergegeben habe, sich von einem Kardinal verloben zu lassen, wenn auch nur in Vertretung eines andern, verurteilten sie als schwere Verfehlung. Es gab sogar Popen, die offen erklärten: »Der ihnen befohlen hat, solches zu tun, hat noch größere Sünde auf sich geladen.«

7

Eine Ikone rötet sich

Dimitri ließ die Popen eifern. Er hielt mehr von den einfachen Russen, ›die ihren Gott unterm Hemd verborgen tragen‹. Er bewunderte die Einsiedler, die wie die Bären abseits von der Welt lebten, vom Volk verehrt. Viele Bischöfe, Archimandriten, Diakone und Popen waren auf ihren Vorteil aus. Während ihr Mund von frommen Reden überging, dachten sie an Geld. Sie stellten für die Toten teure Pässe aus, in denen sie bezeugten, daß der Verstorbene als rechtgläubiger Christ getauft, zwar sündig geworden, aber losgesprochen sei und deshalb bei Vorweisung des ausgestellten Passes nicht gehindert werden dürfte, in den Himmel einzugehen. Wer Pope werden wollte, brauchte nur seinem Bischof vorzusingen und auf eine Reihe von Fragen die eingelernten Antworten zu geben. Nach Bezahlung der Gebühren für die Weihen bekamen sie die Skufja aufgesetzt, das Würdenmützchen, das sie davor schützte, von gewöhnlichen Gläubigen behelligt zu werden. Denn wer einem Popen die Skufja vom Kopf schlug, der mußte dem Popen die ›Schmach‹ mit Rubeln vergüten.

Daher nahmen die Bauern, die mit ihrem Popen unzufrieden waren und ihm für eine Nachlässigkeit oder wegen Trunksucht einen Denkzettel geben wollten, vor dem Durchbleuen das Würdenmützchen ab und setzten es dem Verdroschenen wieder auf. Dann konnte er kein Geschrei erheben, da seine Würde nicht verletzt worden war. Im Volk genossen die Popen wenig Ansehen. Ein Sprichwort sagte: Sucht den Tapferen im Kerker, den Dummen aber in der Sakristei.

Nachsicht übten die Popen nur mit sich. Verstöße anderer verfolgten sie mit brennendem Eifer. Sie predigten: »In allen Häusern haben wir Aufpasser.« Damit waren die Ikonen gemeint. Ikonen wurden beim Volk hoch in Ehren gehalten. Man traute ihnen Wunderkräfte zu. Ikonen wurden an die Flüsse getragen, sobald das Eis taute, damit es reichen Fischsegen gebe. Bierbrauer steckten Ikonen ins Bier, Bauern ins Saatkorn. Bei Bränden wurden Ikonen gegen die Flammen gehalten, und es kam vor, daß einer ›seinen Heiligen Nikolaus‹ ins Feuer warf und rief: »Wenn du schon mir nicht helfen willst, hilf wenigstens dir selbst und bring das Feuer zum Erlöschen!«

Von den Popen wurde ein solcher Glaube gefördert. Wurmzerfressene Ikonen wurden feierlich einem Fluß übergeben, der sie forttragen sollte bis ins weite Gottesmeer, oder einem Feuer, das sie zum Himmel emporhob, oder man vergrub sie unter Apfelbäumen, damit Jahr für Jahr ihre Kraft in Blüten erscheine. Frommer Sinn mischte sich mit Aberglauben, wo immer die Popen das große Wort führten, und selbst Bischöfe und Metropoliten, nicht einmal der Patriarch waren gegen solche Anfechtungen gefeit. Dimitri bemerkte es mit Befremden. Eines Tages ließen sich bei ihm fünf geistliche Würdenträger melden, eben als er sich mit dem Patriarchen besprach.

Sie waren aufgeregt. Sie brachten eine Ikone mit, die in ein kostbares Tuch eingeschlagen war. Es war eine ›besonders wichtige‹ Ikone, ein Bild des Propheten Elias.

»Was ist mit der Ikone?« erkundigte sich der Patriarch.

»Sie hat sich gerötet«, sagte der älteste Würdenträger, ein Archimandrit.

»Was soll das heißen?« fragte Dimitri.

»Sie ist im Laufe der letzten Zeit röter geworden als sie vorher war.«

»So ist es«, bestätigten die Begleiter. »Jedem von uns ist das aufgefallen.«

»Aber weswegen röter?« fragte Dimitri.

»Sie ist von heiligem Zorn ergriffen«, behauptete der Archimandrit. »Wegen vieler Sünden, die in Moskau geschehen, überall in Rußland, und keiner sieht sie!«

»Und was habt ihr vorzuschlagen?«

»Wir sind gekommen, den Patriarchen zu bitten, er möge eine Fastenwoche befehlen. Dann wird der Prophet sich zufriedengeben, die Röte wird verschwinden.«

Dimitri wechselte mit dem Patriarchen einen Blick. Ignatius schien unentschlossen.

»Der Prophet Elias hat ein Wunder gewirkt«, sagte der Archimandrit überzeugt, »er gibt uns ein Zeichen.«

Dimitri sah das Bild genauer an. Er entdeckte auf ihm ein Netz von Rissen. »Das Bild ist schon sehr alt«, sagte er.

»Wenige Ikonen sind von so ehrwürdigem Alter«, bestätigte der Archimandrit.

Da sagte Dimitri: »Wir sollten Ikonenmaler befragen. Ganz sicher können sie eine Erklärung geben.«

Die Würdenträger sträubten sich. »Wozu Maler holen? Wir haben für die Erscheinung den Blick.«
Dimitri bestand darauf, daß die Ikone von Malern geprüft wurde. Drei erfahrene Meister stellten übereinstimmend fest, daß die oberste Farbschicht Risse bekommen habe. »Der rote Untergrund schimmert durch«, sagten sie. »Aber dieser Mangel kann behoben werden.«
»Also ist für Furcht kein Anlaß gegeben«, meinte Dimitri. Der Patriarch stimmte ihm zu. Die Würdenträger aber fühlten sich betrogen. Sie fanden das Verhalten des Zaren nicht fromm genug.
»Kein Wunder«, sagte der Archimandrit, als er mit seinen Begleitern abgezogen war, »der Zar hört ja auf solche, die gar nicht getauft sind, sondern nur gesprengt.«
›Gesprengte‹ wurden von den Popen jene Christen genannt, die nicht die rechtgläubige Taufe empfangen hatten, sondern ›irgendeine‹. Mit solchen ging Dimitri täglich um. Das erbitterte einige Metropoliten so, daß sie anfingen, ein geheimes Protokoll anzulegen, in dem die geistlichen Verfehlungen des Zaren aufgezählt wurden. Dazu gehörten versäumte Kirchenbesuche, gebrochene Fasttage, unterlassene Beichten, Umgang mit Ketzern, ohne sich hinterher die Hände zu waschen – die Liste war lang. Viele anstößige Äußerungen, die man Dimitri unterschob, waren in dem Protokoll aufgezeichnet. So sollte er einmal gesagt haben: Für die Russen steht der heilige Nikolaus so hoch, daß sie glauben, der heilige Nikolaus werde Gott sein, falls Gott einmal sterben sollte. Nach dem Vorfall mit der Elias-Ikone wurde im Protokoll vermerkt: Dieser Zar leugnet Wunder.
»Er ist anfällig für den Unglauben, daran ist kein Zweifel«, behaupteten besonders jene Geistlichen, die im Kreml wohnten. »Wie wird das erst werden, wenn eine ›Gesprengte‹ Zarin sein wird!« Sie flehten den Himmel an, die Ankunft der Polin hinauszuzögern.

8

Mnischek und Marina ziehen nach Moskau

Was sich die Popen vom Himmel erhofften, machte ihnen Pan Mnischek zum Geschenk. Er traf keine Anstalten, mit Marina nach Moskau aufzubrechen. Auch nach der feierlichen Verlobung in Krakau betrachtete er Marina als Pfand, das er erst nach Einlösung aller Verpflichtungen aus der Hand geben wollte. Selbst als ihn der polnische König ermahnte, den Zaren nicht länger warten zu lassen, blieb er ungerührt.

»Zumindest die halbe Million muß bezahlt sein«, schrieb er an Dimitri.

Dimitri schickte die Brüder Butschinski mit den dreihunderttausend Rubeln, die noch fehlten, nach Sandomir. Die halbe Million war nun bezahlt. Da schrieb Mnischek: »Der Winter steht vor der Tür. Ich habe die letzte Winterreise in schlechter Erinnerung. Ich möchte nicht im Schnee steckenbleiben.«

Dimitri versicherte: »Ich werde alle Straßen frei halten lassen, selbst wenn der Schnee die Dörfer begraben sollte. Auf allen Poststationen werden Schlitten stehen, mit Zobelfellen ausgeschlagen.«

Der Brief war an Marina gerichtet. Sie fühlte sich geschmeichelt und sagte zu ihrem Vater: »Ich stelle es mir schön vor, in Zobelfelle eingehüllt zu reisen, zwischen Wänden aus Schnee.«

»Du wirst als Zarin noch viele solcher Reisen machen«, sagte Mnischek. »Nun kommt es darauf an, deinen Wert in seinen Augen zu erhöhen.« Und er schrieb an Dimitri: »Marina ist von zarter Gesundheit. Und ist es nicht passender, wenn Moskau seine junge Zarin mit Blüten empfängt statt mit Eis und Schnee?«

Aus Moskau kamen weiter zärtliche Briefe, vor allem Geschenke. »Siehst du«, sagte der Pan zu seiner Tochter, »Charakterfestigkeit macht sich bezahlt.«

Mitte Februar reiste der Älteste der Duma, der Bojar Wlasjew, zum zweiten Mal nach Polen. Er hatte den Auftrag, dem Woiwoden von Sandomir klarzumachen, daß der Zar nicht länger warten wolle. »Ganz Rußland zittert vor Ungeduld, seine Zarin zu empfangen und auf den Thron zu führen.«

»Es fehlt noch eine halbe Million«, bemerkte Mnischek, als Wlasjew seinen Auftrag ausgerichtet hatte.

»Sie wird am Tage nach der Hochzeit ausbezahlt«, sagte Wlasjew mit unverhohlener Verachtung.

»Gut«, sagte Mnischek, »reisen wir. Aber mit einem Gefolge, wie es der künftigen Zarin ansteht.«

»Nicht anders erwartet es mein Herr, der Zar«, sagte Wlasjew. »Er hat mir den Befehl gegeben, alle Straßen von Morawsk bis nach Moskau auszubessern. Er hat neue Brücken in Auftrag gegeben. Es wird an nichts fehlen.«

»Ausgezeichnet«, sagte Mnischek, »reisen wir!«

Der Woiwode hatte längst alles vorbereitet. Am zweiten März des Jahres 1606 setzte sich von Sambor aus, wo auch der Vormarsch begonnen worden war, der Brautzug in Bewegung. Über dreitausend Polen nahmen an ihm teil. Allein Mnischeks Gefolge zählte über eintausendneunhundert Menschen, dazu eintausendvierhundert Pferde und dreihundert Wagen. Der Pan Wischnewetzki reiste mit zweihundertfünfzehn Begleitern, der Pan Zanotzki mit vierhundert. Andere Pane, die Mnischek eingeladen hatte, traten bescheidener auf. Aber selbst die Patres und Weltgeistlichen, die Mnischek mitnahm, reisten nicht ohne Begleitung. Der Pater Pomaski nahm eine sechzehnköpfige Dienerschaft mit. Mit Staunen sahen die Polen dem Zuge nach.

Mnischek ließ sich Zeit. Er beschwerte sich in Briefen an Dimitri, daß ihm Wlasjew mit seiner Grobheit zu schaffen mache; er zwinge ihn und seine Tochter zu fliegen. Noch von Minsk aus, wo er ein Lager aufschlug, drohte Mnischek, er werde moskowitisches Gebiet erst dann betreten, wenn alle Schulden abgegolten seien. Dimitri schickte Kuriere mit zweihunderttausend Rubeln und teilte Mnischek mit, die Hochzeit sei auf Mitte Mai festgesetzt. Weiteres Zögern sei gefährlich. Auch die Geduld eines Zaren sei nicht unerschöpflich.

Ein Pole, der aus Moskau gekommen war, meldete Mnischek, daß vom Adel und der Geistlichkeit, sogar von Männern und Frauen aus dem Volk dem jungen Zaren Verschwendung vorgeworfen werde. Es sei durchgesickert, wieviel er sich den Polenzug kosten lasse.

Das bewog Pan Mnischek, weiter vorzurücken. Am 18. April überschritt er die Grenze. Aus allen Dörfern kamen Bauern entgegen, aus den Städten die Bürger. Sie begrüßten ihre künftige Zarin mit freudeglänzenden Gesichtern. Sie boten Brot und Salz an.

»Sonst habt ihr nichts?« fragten die Polen.

Die Bauern brachten, was sie entbehren konnten. Das reichte nicht für alle Polen. Die leer ausgingen, sahen in den Häusern nach, auch in den Scheunen. Sie nahmen sich, was ihnen paßte, ohne zu bezahlen. Auch nachts versuchten sie in Häuser einzudringen. Es kam zu Schlägereien. Je tiefer die Polen in Rußland einrückten, desto schlechter wurde ihr Ruf. Hatte es erst geheißen: Die Polen, unsere Freunde! So hieß es jetzt: Seid auf der Hut vor ihnen! Sie gehen in die Häuser, ohne eingeladen zu sein. Sie nehmen sich, was ihnen gefällt. Sie erlauben sich Frechheiten mit unseren Frauen.

Bald stand niemand mehr an den Straßen, um die Polen zu begrüßen. Die Bauern sagten: »Gebe Gott, daß unser Zar sich die rechte Braut erwählt hat! Ihre Begleiter sind schlimmer als die Tataren!«

Anfang Mai kamen die Polen vor Moskau an. Marina bezog das

Schloß von Wjasom. Dimitri ließ eine prunkvolle Zeltstadt unmittelbar vor den Toren Moskaus errichten. Dort wohnte Marina vom vierten bis zum sechsten Mai. Hier empfing sie Bojaren und Moskauer Kaufleute und nahm Geschenke entgegen: Zobelpelze und Stoffballen, Gold- und Silbergefäße, Teppiche, Kleider und Schmuck. Pan Mnischek machte inzwischen im Kreml Besuch, mit ihm die polnischen Würdenträger. Dimitri empfing sie im neuen Palast, in dem er mit Marina residieren wollte. Am Essen, das zu Ehren Mnischeks veranstaltet wurde, nahmen Vertreter aller russischen Völkerschaften teil, auch Lappländer, Sibiriaken und Tataren. Sie sollten den Gästen vor Augen führen, daß Rußland an viele Länder grenzt und sich bis an das Eismeer und nach Indien erstreckt.

9

Die Hochzeit im neuen Zarenpalast

Dimitris Gedanken kreisten um die Hochzeit. Seit Wochen hatte er den Einzug seiner Braut vorbereitet. Über die Moskwa war eine neue Brücke geschlagen worden. Nun wurden aus den Rüstkammern des Kreml die prunkvollsten Waffen hervorgeholt und den Strelitzen in die Hand gegeben. Herausgeputzte Reiter, Hellebardenträger, Kanoniere und Schützen bildeten Spaliere so bunt wie Blumenbeete. Dimitri überwachte ihre Aufstellung selbst und ließ sie mehrmals proben. Er rief die Bevölkerung auf, die Häuser und sich selbst für das Fest zu schmücken, das alle früheren Feste übertreffen sollte.

Am fünften Mai, einem wolkenlosen Tag, bestieg Marina die goldene Kutsche, die ihr Dimitri für die Fahrt zum Kreml geschickt hatte. Im Innern war die Kutsche mit Atlasseide ausgeschlagen, von Perlen übersät. Auf dem Dach saß ein zwergenhafter Neger, der ein Äffchen an goldener Kette hielt. Gezogen wurde die Kutsche von zwölf Apfelschimmeln in Geschirren mit so kostbarem Gehänge, daß nicht festzustellen war, wo das Geschirr aufhörte und das Pferd begann. Hundert Hellebardenträger schritten voran, hundert folgten. Zu beiden Seiten der goldenen Kutsche ritten russische und polnische Fürsten, Pane und Bojaren in prächtigen Waffenröcken und Hüten, Russen und Polen waren kaum zu unterscheiden. Das Volk staunte bei ihrem Anblick. Die goldenen Räder der Kutsche rollten über einen Blütenteppich. Marina in strahlend weißem Seidenkleid lächelte und winkte aus der Kutsche, und die Moskauer schrien sich die Kehlen heiser. Die Leute sagten: »Ist ein Engel gekommen, eine Himmelstaube? Im Kreml wird sie wohnen, unsere Zarin wird sie sein.« Dimitri empfing die Braut auf dem Roten Platz. Er überreichte ihr ein Geschenk im Wert von über vierhunderttausend Rubeln: das Diadem, das sie am Tag der Hochzeit tragen sollte. Der polnische Gesandte versicherte der Panin, daß der König Polens mit seinen Wünschen anwesend sei und an der Hochzeit lebhaften Anteil nehme. Dann begleiteten der Zar und sein Gefolge Marina zum Wosnessenski-Kloster, in dem auch die Zarenmutter wohnte. Marfa empfing Marina in ihren Gemächern. Auf den Kremlplätzen, in ganz Moskau hielt der Jubel an. Alles schien so abzulaufen, wie der junge Zar es sich erhoffte. Seine Hochzeit sollte ein Fest für zwei Völker werden, für Russen und Polen.

Die Pane wurden im Kreml einquartiert, samt ihrem Gefolge. Sie richteten sich in den Palästen so ein, als ob sie den Kreml nie mehr verlassen wollten. Die Bojaren sahen es mit Unmut. Die Polen praßten und betranken sich, kostbares Geschirr wurde zerbrochen, auch mancher Stuhl, wenn sich ein betrunkener Pole auf ihn fallen ließ. Mehr noch kränkte die Russen, daß die Polen ihren Frauen nachstellten. »Man weiß nicht, worin sie frecher sind, in Blicken oder Reden«, sagten sie von den Gästen.

Auch Korella und Basmanow waren erbittert. Der Ataman sagte: »Sie führen sich so auf, als ob jeder von ihnen der Schwiegervater des Zaren wäre.«

Der junge Zar besuchte Marina jeden Tag. Er brachte Musikanten in das Kloster mit, was die Nonnen erzürnte. Die Äbtissin beklagte sich beim Patriarchen. Die Spannungen nahmen zu.

Die Trauung sollte in der Krönungskirche stattfinden, einen Tag vor dem Fest des heiligen Nikolaus, an dem jede Hochzeit streng verpönt war. Dimitri setzte sich darüber weg. Er ließ die Hochzeit mit dem gleichen Glanz begehen, mit dem die Krönung gefeiert worden war. In einem Gewand aus Goldbrokat, auf den Schultern einen Mantel aus Zobelfellen, auf dem Kopf die Zarenkrone, so trat er mit Marina vor den Altar. Marina wirkte kühl in ihrem Seidenkleid. Sie trug die Stirne hoch und würdigte den Patriarchen, der die Trauung vornahm, kaum eines Blickes. Ihre Antworten gab sie in fehlerhaftem Russisch. Sie hörte die Chöre nur mit halbem Ohr und zeigte erst Interesse, als Pater Sawitzki zum Befremden aller Rechtgläubigen das Zarenpaar im Namen des Papstes begrüßte.

Die Russen fühlten sich durch das Betragen der Polen verletzt. Sie hatten sich geweigert, beim Betreten der Kathedrale ihre Mützen und Säbel abzulegen. Beim Zug von der Kathedrale zum neuen Palast, in dem die Gäste bewirtet werden sollten, sparten sie nicht mit hochmütigen Reden. Sie verschmähten es, die Goldstücke aufzufangen, die der junge Zar unter die Zuschauer warf. Kein Pole hob den Arm, ein Goldstück aufzufangen. Und als sich ein Rubel im federgeschmückten Hut eines Polen verfing, schüttelte er den Hut aus und sah geringschätzig zu, wie ein Russe den Rubel von der Erde aufhob.

Vor dem neuen Palast war ein Gerüst errichtet, auf dem dreißig Trompeter und vierundzwanzig Trommler den Zug mit Geschmetter und Gedröhn empfingen. Die Gäste rückten in den großen Saal, an dessen Türen goldene Schlösser glänzten. Die Wände waren mit persischer Seide bezogen, Türen und Fenster von Brokatvorhängen eingerahmt. Geschnitzte Säulen trugen die Decke und Baldachine, von denen Edelsteine hingen, unter ihnen ein Opal von Walnußgröße. Am Tisch des Zaren, der auf einem Podest stand, saßen außer Marina und der Zarenmutter der Woiwode Mnischek und der Patriarch von Moskau. Etwas tiefer waren zahlreiche Tische für Bojaren und Pane und Metropoliten aufgestellt. In der Mitte des Saales sprudelte ein Brunnen, daß sich jeder vor dem Essen die Hände waschen konnte. Aber die Gäste waren so hungrig, daß sie sich sofort an die Tische setzten. Zunächst gab es Fisch, dazu große Weißbrote, aus denen jeder sich selber Teller machte, die mit aufgegessen wurden. Es gab viele Gänge. Wein und Bier wurden aus kostbaren Schalen getrunken. Bedient wurde jedermann auf gleiche Weise, auch der Zar und die Zarin. Dimitri hatte tiefe Verbeugungen untersagt. Als der Nachtisch aufgetragen wurde, ging Dimitri zwischen den Tischen umher und bot seinen Gästen kandierte Früchte an.

Der Lärm nahm zu und übertönte die Tafelmusik. Der Wein stieg in die Köpfe. Aus Sticheleien wurde Streit. Schimpfworte flogen über die Tische. Gefäße wurden geworfen. Die Trompeter bliesen stärker in ihre Trompeten. Das Geschmetter brachte die Streitenden noch mehr auf. Lang unterdrücktes Mißtrauen, Neid und Haß, Hochmut und verletztes Ehrgefühl machten sich Luft. Auf den Galerien rund um den Saal kam es zu Tätlichkeiten. Im Saal sprang ein Bojar auf und schrie: »Wie lange dulden wir diese Ausbeuter noch! Sie tun, als wäre Dimitri ihr Zar.«

»Ist das etwa nicht so?« schrie der Pan Zanotzki, »haben wir nicht den Zarensohn geschützt, den du und deinesgleichen umbringen wollten?«

Tatischtschew ging drohend auf Zanotzki los. Da schrie Zanotzki: »Jetzt kenne ich dich erst, du bist ja einer der vier Verräter, denen der Zar das Leben geschenkt hat, statt sie durch den Henker in die Hölle zu schicken!«
Tatischtschew griff zur Waffe, aber ein Pole durchstieß ihm von hinten die Schulter. Da sprang von der Galerie der Sohn des Bojaren, um seinem Vater zu Hilfe zu kommen. Ein Pole stellte sich ihm mit vorgestrecktem Säbel in den Weg. Der Bojarensohn rannte in die Klinge und stürzte mit einem Schrei, der allen Lärm zum Verstummen brachte. Durch die fürchterliche Stille flog ein schweres Kristallgefäß, es traf den Polen, der Tatischtschew durchbohrt hatte, im Gesicht, zerbrach und klirrte zu Boden. Im linken Auge des Polen blieb ein Splitter stecken, ein gläserner Dorn, der sich rasch rot färbte. Alle starrten das entstellte Gesicht an.
In diesem Augenblick rief Dimitri laut: »Legt die Waffen aus der Hand! Ich habe euch zu einem Fest eingeladen, nicht zu einem Streit. Vergeßt, was geschehen ist! Kein Russe soll einen Polen kränken, kein Pole einen Russen. Der Haß ist ein Haus ohne Fenster und Türen, jeder, der im Haß bleibt, wird darin erstikken. Trennt euch als Freunde und laßt uns morgen wieder zusammenkommen, ohne jeden Groll. Es lebe Polen, das uns die Zarin geschenkt hat!«
»Es lebe Polen!« riefen die Polen.
»Es lebe Rußland«, rief Dimitri, und nun stimmten die Russen in seinen Ruf ein. Der Tote wurde aus dem Saal getragen. Er ließ ein Schweigen zurück, bedrohlicher als jeder Kampflärm.

10

Korella verläßt den Kreml

Dimitri hatte eine Reihe von festlichen Ereignissen für die Hochzeitsgäste und die Moskauer geplant: Empfänge, Schauspiele und Bärenjagden. Er hielt eigensinnig an diesen Plänen fest. Ein Empfang sollte zu Ehren der Pane stattfinden, die Marina nach Moskau begleitet hatten. Korella und Basmanow, auch Pater Sawitzki versuchten Dimitri zu überzeugen, daß es besser sei, diesen Empfang abzusagen. Nach dem Tode des jungen Tatischtschew redeten die Russen von den Polen als betrügerischen Freunden. »Sie kommen und nehmen sich, was ihnen gefällt. Sie kommen und beleidigen ihre Gastgeber. Sie kommen und töten. Sie sollen gehen, ehe Schlimmeres geschieht!« So sagten Bojaren, so sagten Popen. So hieß es auch im Volk. Die Abneigung gegen die Polen machte auch vor der jungen Zarin nicht halt. »Sie hat uns mit falschem Glanz geblendet«, sagten nun viele.

Die Geistlichkeit hatte von Marina erwartet, sie werde als Zarin den Glauben annehmen, den alle Russen hatten. Sie aber betonte, daß nicht der Patriarch von Moskau, sondern der Papst in Rom ›ihr Vater in geistlichen Fragen sei‹. Sie werde die Feiertage und Fastenzeiten nicht nach dem russischen Kalender halten – außer der Papst erlaube es ihr. Solche Erklärungen gab sie unbedenklich ab, auch vor geistlichen Würdenträgern.

Marina hatte eine grelle Stimme, die ihren Worten eine verletzende Schärfe verlieh. Korella haßte Marina. Zu Basmanow sagte er: »Sie hätte nie nach Moskau kommen dürfen. Sie ist schön, zugegeben, aber beim Anblick solcher Schönheit friert mich. Und wenn ich sie reden höre, muß ich an das alte Sprichwort denken: Laß deine Ohren dir eine Frau suchen, nicht deine Augen!«

Der Empfang für die Polen fand zwei Tage nach der Hochzeit statt. Nur wenige Bojaren wurden dazu eingeladen, von den geistlichen Würdenträgern nur der Patriarch und zwei Metropoliten. Außerdem nahmen die Zarenmutter, Basmanow, Korella und Grischa Otrepjew teil. Die Polen hatten ein spürbares Übergewicht. Sie nutzten es und traten so rücksichtslos auf, als seien sie im eigenen Hause.

Mnischek und Zanotzki taten sich besonders mit Reden hervor, die jeden Russen beleidigen mußten. Sie sprachen auch über den Feldzug nach Moskau. Ihr klägliches Versagen nach der Schlacht der weißen Hemden stellten sie als einen Schachzug hin.

»Dadurch wurde das Zarenheer verwirrt«, erklärte Mnischek. »Boris Godunow mußte befürchten, wir holten nun aus Polen Verstärkungen heran, um sein festgefrorenes Heer in die Zange zu nehmen.«

»Wenn der Schwätzer nicht bald schweigt«, sagte Korella drohend, »werde ich ihn stumm machen.«

»Laß ihn reden!« beruhigte ihn Basmanow, »laß ihn reden, bis ihm die Zähne ausfallen!«

»Wenn er noch ein Wort sagt, wird er Zähne spucken!«

»Mach dir nicht an so einem deine Hände schmutzig!«

»Ich werde mit Dimitri reden«, sagte Korella. »Und wenn er nicht auf mich hört, dann werde ich gehen.«

»Das wirst du dir überlegen.«

»Ich habe es mir hundertmal überlegt.«

Es war für alle Russen unbegreiflich, daß der Zar die Frechheit der Polen hinnahm.

»Es wird vorübergehen«, meinte Pjotr Basmanow, als Korella wieder aufbegehrte. »Sobald diese Hochzeitswoche verrauscht ist, werden die Polen abziehen.«

»Sie werden bleiben«, erwiderte Korella. »Sie werden weiter

plündern und sich bereichern. Ihretwegen wird es so viel böses Blut geben, daß auch Dimitri damit nicht fertig wird. Wir müssen ihn warnen, ehe es zu spät ist.«

Die Gelegenheit dazu ergab sich noch in der gleichen Nacht. Dimitri wollte mit Korella und Basmanow die Bärenhatz besprechen, die für den übernächsten Tag geplant war. Dimitri machte den Vorschlag, als Waffen nur kurze Spieße zu verwenden.

»Ein guter Vorschlag«, sagte Korella in einem Ton, der Dimitri stutzig machte. »Gewehre sind zu gefährlich.«

»Worauf willst du hinaus?« fragte Dimitri.

»Andrej macht sich Sorgen«, sagte Basmanow, »ich auch.«

»Du mußt diese Polen heimschicken«, verlangte Korella heftig, »ehe sie dir deine Russen stehlen.«

»Ich gebe zu, sie haben sich schlecht benommen«, sagte Dimitri. »Aber wir haben Grund, an der Freundschaft zwischen beiden Völkern festzuhalten.«

»Es gibt keine solche Freundschaft«, erklärte Korella. »Du willst es nur nicht sehen. Du erlaubst deinen Augen nicht, dich ins Bild zu setzen. Deine Ohren sind taub für alle Worte, die du nicht hören willst. Dabei hättest du jetzt sechzehn Ohren nötig und vierundzwanzig Augen, die sich nichts entgehen lassen. Ich wollte, ich wüßte für dich zehntausend Hände, so zuverlässig wie die Hände Basmanows, wie meine Hände. Ihnen allen würde ich Gewehre geben.«

»Wozu?« fragte Dimitri.

»Wie konntest du den Verrätern das Leben schenken, das sie verwirkt hatten!« warf ihm Korella vor. »Wie konntest du sie zurückholen nach Moskau! Schuiski wird eine Verschwörung anzetteln. Schon gibt es wieder heimliche Zusammenkünfte, ich habe Anhaltspunkte dafür. Du mußt sie töten lassen, sonst werden sie dich töten.«

»Auch meine Gegner werden erkennen, daß für Rußland etwas Neues begonnen hat«, sagte Dimitri.

»Das ist es, was sie dir zum Vorwurf machen!« sagte Korella. »Sie wollen nicht, daß sich etwas ändert, denn sie fürchten um ihre angestammten Plätze. Deine Vorhaben sind zum Scheitern verurteilt, wenn du nicht Schuiski und seine Genossen beseitigst. Wenn du nicht die Polen dorthin schickst, wohin sie gehören! Hier stiften sie nur Unheil. Sie bringen alle gegen dich auf. Ich weiß, daß du mit deinen Russen rechnest. Ich sage dir: Halte Freundschaft mit dem Bären, aber halte immer die Axt bereit! Noch bewundern dich viele. Das ist nicht genug. Alle müssen dich fürchten. Nur ein Zar, vor dem sie zittern, wird oben bleiben. So war das immer in unserem Land.« Korella holte aus seiner Brusttasche ein zerknittertes Blatt. »Das ist die Liste der Verräter«, sagte er. »Ich habe sie nicht weggeworfen. Ich habe sie ergänzt, weil ich nicht will, daß einer von ihnen an deine Stelle tritt.«
»Andrej«, sagte Dimitri, »ich wollte, es gäbe nur solche wie dich. Aber ich kann nicht tun, was du von mir erwartest. Ich kann keinen töten lassen, nur weil er gegen mich ist.«
»Dann ist dir nicht zu helfen«, sagte Korella. Er dankte Dimitri, daß er ihn angehört hatte, und erklärte, daß er nun den Kreml verlassen und auf das Wilde Feld zurückkehren werde. Dann ging er.
»Und du?« fragte Dimitri Basmanow. »Wirst auch du gehen?«
»Andrej hat recht«, sagte Basmanow. »Er wird uns fehlen.«

II

Die Stunde der Wahrheit

Es sprach sich rasch herum, daß Korella Moskau verlassen hatte. Der Ataman war beim Volk beliebt.
»Warum bleibt er nicht beim Zaren? Warum kehrt er auf das Wilde Feld zurück, warum hat er es so eilig?« Solche Fragen waren auf Schritt und Tritt zu hören.
»Die Polen haben ihn vertrieben«, wurde geantwortet. »Seine russischen Augen ertragen ihre Frechheit nicht.«
»So rasch wie der Held Ilja Murometz ist er weggeritten«, sagte ein alter Kosak. »Daß er aufs Pferd stieg, hat man gerade noch gesehen; daß er wegritt, schon nicht mehr. Wären statt seiner doch die Pane abgezogen samt allen Polen!«
Die Polen blieben. Wenn sie angegriffen wurden, dann sagten sie: »Was wollt ihr? Sind wir nicht Brüder der Zaren?«
Darauf antworteten die Russen nichts. Sie fingen an, ihre Zarin ›die Polin‹ zu nennen. Die Popen nannten Marina ›die Fremde‹. Von den Polen sagten sie: »Sie verderben das Land, für den russischen Himmel sind sie ein Ärgernis.«
Der Patriarch beklagte sich beim Zaren: »Die Polen verhöhnen unsere Bräuche. Auf die Dauer wird das unser Volk nicht hinnehmen.«
Dimitri versprach, mit den Panen darüber zu reden. Die Pane aber beschuldigten die Russen: Sie seien rückständig und hochmütig zugleich. Auch Pater Sawitzki richtete nichts bei den Panen aus, nicht einmal bei Marina. Dimitri hatte den Kardinal Rangoni ersucht, beim Papst für Marina die Erlaubnis zu erwirken, an orthodoxen Gottesdiensten teilzunehmen. Nun kam aus Rom

ein Brief, in dem der Papst erklärte, ein solches Zugeständnis ›könne weder jetzt noch jemals gemacht werden, da es an die Grundfesten der Kirche rühre‹.

Dimitri beriet sich mit Pater Sawitzki. »Das Tor ist zugeschlagen«, sagte der Pater. »Daher bleibt nichts übrig, als so zu handeln, wie es die Notwendigkeit und das eigene Gewissen eingeben.«

Am 14. Mai ging Dimitri ins Wosnessenski-Kloster, um mit Marfa zu sprechen. Seit Marinas Ankunft hatte er sie nicht mehr allein gesehen.

»Die einen sind voll Mißtrauen gegen die andern«, beklagte sich Dimitri. »Weder der Papst noch der Patriarch ist bereit, einen Schritt entgegenzukommen. Einer sieht im andern ein Werkzeug des Teufels. Sind nicht die einen wie die andern Christen?«

»Du kannst nicht zwischen beiden stehen bleiben«, sagte Marfa. »Du bist Zar von Rußland und mußt dich für die Russen und ihren Glauben entscheiden. Auch die Zarin muß das tun. Sonst bleibt sie eine Fremde.«

»Niemals wird Marina ihren Glauben aufgeben.«

»Du mußt sie dazu bringen«, sagte Marfa. »Zar und Zarin müssen *einen* Glauben haben.«

Dimitri schwieg. Sein Schweigen war bedrückend. Marfa fragte: »Warum redest du nicht? Was verbirgst du vor mir?«

Da sagte er: »Marina und ich haben den gleichen Glauben. Ich bin in Polen zu ihrer Kirche übergetreten.«

Marfa stand auf. »Wenn das wahr ist«, sagte sie, »bist du verloren.«

»Es ist wahr«, sagte Dimitri.

»Wer weiß davon?«

»Nur Marina, Mnischek, Pater Sawitzki – und Schuiski.«

»Schuiski auch?« Marfa war so entsetzt, daß sie nicht weitersprechen konnte.

»Ich weiß nicht, wie Schuiski es erfahren hat«, sagte Dimitri.

»Aber er kennt den Brief, den ich nach Rom schrieb, als ich den Schritt tat. Er zeigte mir eine Abschrift dieses Briefes.«

»Du bist verloren«, wiederholte Marfa. »Wie konntest du das tun?«

»Die Patres hatten mich überzeugt«, sagte Dimitri.

Marfa machte eine Bewegung, die ihren Abscheu verriet.

»Du hast dich wichtiger genommen als dein Volk«, warf sie Dimitri vor. »Du hast dich zu einem Schritt verleiten lassen, den du rückgängig machen mußt – oder du wirst fallen.«

»Ich kann nichts gegen mein Gewissen tun«, sagte Dimitri.

»Dein Gewissen ist blind«, sagte Marfa bitter. »Aber auch ich hatte Schuiski nicht durchschaut. Erst jetzt geht mir sein ungeheurer Plan auf.«

»Was für ein Plan?« fragte Dimitri betroffen.

Da sagte Marfa: »Er hat dir eine Falle gestellt, und du bist hineingegangen. Er hat dich in den Westen bringen lassen, damit du dich deinem Volk entfremden solltest. Das hast du getan. Wie konntest du Schuiski den Gefallen tun, einen fremden Glauben anzunehmen? Du hast Schuiski das Messer in die Hand gegeben, mit dem er dich töten wird. Dieser Mensch hat dich als Werkzeug benutzt, weil er sich selber nicht zutraute, Godunow zu stürzen. Mit Schuiski wäre das Volk nicht nach Moskau gezogen. Er brauchte einen Zarensohn, der ihm den Weg freimachte. Godunow ist beseitigt. Nun bist du an der Reihe. Du mußt Schuiski zuvorkommen, du mußt alle umbringen, die gegen dich sind.«

»Das kann ich nicht tun«, sagte Dimitri.

»Dann werde ich dich fallen lassen«, sagte Marfa drohend.

»Du – meine Mutter?« Dimitri sah Marfa fassungslos an.

»Ich bin nicht deine Mutter«, erklärte Marfa hart. »Ich habe mich zu dir bekannt, weil ich mich rächen wollte; weil ich mich entschlossen hatte, einen Sohn in dir zu sehen; weil ich glaubte, es sei ein Glück für dich und mich und für ganz Rußland. Ich wußte lange nicht, daß es dich überhaupt gab. Schuiski sagte es

mir erst, als er mich brauchte – für den Auftritt im Kreml. Ich übernahm ohne Zögern die Rolle, die er mir in seinem Spiel zugedacht hatte, obgleich er mir so verhaßt war wie Boris Godunow. Ich setzte auf dich. Ich hoffte, du würdest diesen Betrüger entlarven. Und du hast ihn doch entlarvt! Er war schon überspielt – warum hast du ihn begnadigt? Er war mit Recht zum Tode verurteilt. Nun wird man dir das Verfahren machen; denn du hast alle enttäuscht: die Bojaren, die Popen, die Pane, das Volk. Willst du auch mich enttäuschen? Willst du warten, bis alle dich verlassen? Noch kannst du dich retten. Handle wie ein Zar! Schlag alle Gegner nieder! Laß den Bojaren, die gegen dich sind, die Köpfe abschneiden, nicht nur die Bärte! Jag die Polen, die dich und Rußland ausbeuten, aus dem Land, das dir gehört! Das Volk wird dir zujubeln. Zwing Marina, den russischen Glauben anzunehmen, und erkläre: Der Papst ist ein Betrüger. Die Russen werden auf deiner Seite sein. Glaube mir, einer Frau des Zaren Iwan. Du mußt sein wie Iwan! Und das Volk wird sagen: Seht, er ist sein Sohn! Und ich werde sagen: So ist es, ihr Russen.«
Marfa ging auf Dimitri zu und nahm ihn an den Schultern. Beschwörend sagte sie: »Ich bin noch einmal bereit, für dich zu lügen. Das Schicksal hat dich zu meinem Sohn gemacht. Laß nicht den Mörder meines Kindes über uns triumphieren. Hör auf mich! Ich werde deine Mutter sein. Noch sind deine Wachen dir ergeben – gib ihnen den Befehl, noch heute hundert der schlimmsten Verräter auf dem Roten Platz zusammenzutreiben und niederzumachen, wie sie es verdienen. Dann bist du gerettet.«
»Alles wäre verloren«, sagte Dimitri.
Da stieß ihn Marfa von sich. »Alles ist verloren, wenn du nicht auf mich hörst.«
Dimitri wandte sich ab.
»Hör zu«, sagte Marfa, »ich werde mich nicht zu dir bekennen, wenn du den Dingen ihren Lauf lassen willst.«
Nun wußte Dimitri, daß sie nicht seine Mutter war. Er ging.

12

Der Bär

Als Schauplatz für die Bärenhatz war der Kremlgraben vorgesehen, in dem sich Gehege für wilde Tiere befanden. Ein Teil des Grabens war durch Gitter abgetrennt. Dort waren Büsche und Bäume eingesetzt. In diesem ›Waldstück‹ sollte die Jagd stattfinden, mehr eine Mutprobe als eine Hatz. Den Bären blieb wenig Platz zum Ausweichen. Nach kurzer Flucht stießen sie an die Grabenwände oder an die hohen Eisengitter. In die Enge getrieben, mußten sie angreifen und versuchen, Jäger und Hunde mit Prankenhieben abzuschütteln.

Bei den Moskauern waren Kremljagden beliebt. Alle Zaren hatten solche Schauspiele veranstalten lassen. Nur hatten sie sich nicht selber den Bären gestellt, sondern sich wie Tausende Schaulustiger mit Zusehen begnügt.

Dimitri stieg in den Graben hinab, nur von Basmanow begleitet. Er ging zu den Käfigen, in denen die Bären sich befanden, und suchte einen aus, ein riesiges Tier. Dimitri befahl, den Bären freizulassen.

»Der Bär für den Zaren!« rief ein Wärter laut. Brausender Beifall antwortete ihm. Dann wurde es still. Die vielen Menschen, deren Blicke den Bären und Dimitri verfolgten, standen so stumm wie die Kremlmauern da.

Der Bär suchte im Gehege nach einem Versteck. Hin und wieder richtete er sich drohend auf. Dann lief ein Flüstern durch die Menge: »Welch ein Goliath! Welch ein Koloß!«

Dimitri ging ohne Treiber und Hunde durch das Gittertor. Er bestand auf einem Zweikampf. Basmanow durfte ihn begleiten, um ihm notfalls beizustehen. Als der Bär die beiden Männer kommen sah, zog er sich zurück und suchte eine Rückendeckung an der Grabenwand. Dimitri forderte Basmanow auf, stehenzubleiben. Er ging allein auf den Bären zu, in der Hand einen Jagdspieß mit scharfgeschliffener Spitze. Der Bär hob sich auf seine Hinterpranken und warnte den Angreifer mit kurzem Gebrüll, das von der gegenüberliegenden Grabenwand so laut zurückkam, daß Dimitri sich umwandte. Da griff der Bär ihn an. Dimitri sprang zur Seite und schlug dem Bären mit dem Spieß auf eine seiner Pranken, nicht mit der Stahlspitze, sondern mit dem stumpfen Ende. Der Bär fühlte sich beleidigt. Er stand abgewendet, bewegte sich nicht und beobachtete Dimitri mit schräggestelltem Kopf. Blitzschnell warf er sich herum und versuchte, den Jagdspieß mit einem Hieb zu treffen. Dimitri hatte die Finte erkannt, der Bär schlug ins Leere. Dimitri hielt den Spieß noch immer umgekehrt. Er stieß den Bären in die ungedeckte Flanke. Der Bär heulte auf, mehr vor Wut als vor Schmerz. Wieder richtete er sich auf. Seine Pranken gingen ausgewogen auf und nieder. Es sah aus, als spiele er mit Bällen oder suche eine Schaukel in Gang zu halten, die nur er sehen konnte. Dimitri mischte sich in das Spiel ein. Er gab der unsichtbaren Schaukel leichte Stöße. Der Bär kam aus dem Takt. Er verstand keinen Spaß und schlug nach dem Spieß. Und plötzlich traf er ihn so hart, daß er davonflog. Ehe Dimitri ihn aufheben konnte, hatte ihn der Bär in seinen Pranken, zerbrach ihn und warf die Teile weg. Dann griff er Dimitri mit erhobenen Pranken an. Die Zuschauer schrien auf. Basmanow rannte auf den Bären zu. Dimitri wich nicht zurück. Als der Bär zum Schlag ausholte, stieß ihm Dimitri seine Fäuste in den Bauch. Der Bär schwankte, aber seine Pranken sausten nieder. Sie trafen Dimitri am Kopf und an der Schulter und warfen ihn zu Boden. Der Bär wollte sich auf Dimitri stürzen, da fuhr ihm der Spieß Basmanows in die Brust. Lautlos brach der Bär zusammen.

Dimitri lag da, vom Prankenhieb auf den Kopf betäubt. Das Gesicht war nicht verletzt. Der zweite Hieb hatte den Rock zerfetzt. In der Brust klaffte ein langer Riß. Ärzte liefen herbei und verbanden die Wunde. Sie wollten Dimitri forttragen lassen. Da kam er zu sich. Verwundert bemerkte er die vielen Leute, die um ihn standen, den toten Bären und den aufgerissenen Rock. Er sah Basmanow an und schüttelte den Kopf. Dann stand er auf, ohne sich helfen zu lassen.

Als er auf das Gittertor zuging, wurden Rufe laut. Sie nahmen zu, als Dimitri auf einer Holztreppe aus dem Graben stieg. »Es lebe Dimitri! Es lebe der Zar! Es lebe Basmanow!« so wurde geschrien. Der Jubel brandete weiter, während Dimitri und Basmanow über den großen Kremlplatz gingen. »Hörst du deine Russen!« sagte Basmanow. »Die kann dir keiner nehmen.«

Dimitri konnte nicht verstehen, was Basmanow sagte. Sie traten in den Palast, und Dimitri ging in sein Arbeitszimmer.

13

Pjotr

Dimitri schrieb an den Kardinal Rangoni in Krakau, an den Ataman Andrej Korella, an den Pan Mnischek und die Zarin Marina. Dann bat er Pater Sawitzki, Grischa Otrepjew und die Brüder Butschinski zu sich und eröffnete ihnen, es seien Briefe zu überbringen, die er nicht der Kurierpost anvertrauen wolle. Er schickte den Pater Sawitzki nach Polen, Grischa Otrepjew auf das Wilde Feld und die Brüder Butschinski zu Mnischek und Marina.

»Auch für euch ist es besser, Moskau noch heute zu verlassen«, legte er den Brüdern Butschinski nahe. Auf weitere Erklärungen ließ er sich nicht ein. Er dankte dem Pater und seinen Schreibern und gab ihnen Geschenke mit auf den Weg. Dann ließ er Pjotr Basmanow rufen.

»Du hast Sawitzki und deine Schreiber weggeschickt?« fragte Pjotr befremdet, als er eintrat.

»Ich will auch dich wegschicken«, sagte Dimitri. »Auch die Kremlwachen.«

»Bist du toll?« fragte Basmanow. »Wenn Schuiski das erfährt!«

»Vielleicht weiß er es schon«, sagte Dimitri sarkastisch. »Er weiß gewöhnlich alles voraus, was mich betrifft. Er hat mich doch gemacht.«

»Was soll das heißen?« fragte Basmanow mit steigender Erregung.

»Er hat mich erfunden«, sagte Dimitri. »Ich bin ein von Schuiski erfundener Zar. Das weiß ich seit gestern.« Mit einer Ruhe, die Basmanow erschreckte, fuhr Dimitri fort: »Ich habe nicht den Verstand verloren, wie du vielleicht annimmst. Ich bin nicht toll. Toll ist die Geschichte, die es über Dimitri zu erzählen gibt. Dimitri ist nämlich gar nicht Dimitri. Er ist ein Irgendwer, von Schuiski für brauchbar gefunden, weil er dem Zarensohn so täuschend ähnlich war, daß er als Dimitri verwendet werden konnte.«

»Wer wagt so etwas zu behaupten?« fragte Basmanow empört. »Hat Schuiski dir das eingeredet?«

»Nicht Schuiski«, sagte Dimitri. »Ich weiß es von der Frau, die ich bis gestern für meine Mutter hielt. Aber Marfa ist nicht meine Mutter, das hat sie mir gesagt. Schuiski hatte ihr diese Rolle zugeteilt.«

»Haben sich alle gegen dich verschworen?« rief Pjotr fassungslos.

»Marfa wollte mich retten«, sagte Dimitri. »Sie war auf meiner Seite. Sie beschwor mich, Schuiski aus der Welt zu schaffen, ihn und alle, die gegen mich sind.«

»Sie hat recht«, sagte Basmanow. »Warum hörst du nicht auf sie? Noch ist nichts verloren. Das Volk steht hinter dir. Du brauchst den Kremlwachen nur Befehl zu geben, Schuiski und seinesgleichen unschädlich zu machen.«

Als Dimitri nicht darauf einging, sagte Basmanow verzweifelt: »Ich habe dir das Leben nicht gerettet, damit du es zum zweitenmal aufs Spiel setzen sollst.«

»Das Spiel ist aus«, sagte Dimitri ruhig. »Ich habe Fehler gemacht, die sich nicht rückgängig machen lassen. Ohne es zu ahnen, tat ich alles, was Schuiski von mir erwartet hatte. Ich habe ihn nicht durchschaut. Dafür muß ich bezahlen. Ich will nicht, daß andere mit hineingezogen werden. Auch du nicht, Pjotr.«

Basmanow sagte: »Du kannst von mir nicht verlangen, daß ich dich im Stich lasse.«

Da sagte Dimitri heftig: »Willst du mit einem sterben, der gar nicht der ist, wofür du ihn gehalten hast? Der nicht bereit ist, sich die Hände schmutzig zu machen? Nicht Manns genug, sich mit allen Mitteln zur Wehr zu setzen? Pjotr, es lohnt nicht, mit einem zu fallen, der sich als blindes Werkzeug einsetzen ließ – nicht nur vom ergebenen Bojaren Schuiski. Alle, die sich auf meine Seite stellten, wollten etwas durch mich erreichen: die Bojaren, die Polen, die Popen und die Patres, Mnischek und Marina. Auch Marfa.«

»Ich nicht«, sagte Basmanow.

»Ich weiß es«, sagte Dimitri. »Du bist so ehrlich auf meine Seite getreten, wie du zuvor gegen mich gekämpft hast. Keiner steht mir so nahe wie du. Keinen habe ich mehr enttäuscht als dich. Es ist besser, wenn du gehst.«

»Nein«, sagte Basmanow. »Es liegt mir nicht, mich aus dem Staub zu machen, wenn es gefährlich wird. Soll ich mich vor

Schuiski verkriechen? Wenn ich schon fallen soll, dann lieber ins Meer als in eine Pfütze. Aber warum rottest du diese Schurken nicht aus? Sie werden von dir keine Spur übriglassen.«

»Du täuschst dich«, sagte Dimitri. »Was mit mir begonnen hat, ist nur dann in Gefahr, wenn ich selbst es verrate. Aber ich habe nicht vor, mir dadurch das Leben zu erkaufen. Ich kehre nicht zu den Bräuchen Iwans zurück.«

»Schuiski wird das tun«, wandte Basmanow ein.

»Nach ihm werden andere kommen«, sagte Dimitri. »Und für sie wird es leichter sein, einen neuen Weg zu finden, wenn einer vor ihnen schon den ersten Schritt getan hat.«

Basmanow beschwor Dimitri noch einmal, die Kremlwachen nicht wegzuschicken und Schuiski gebührend zu empfangen. »Gib mir freie Hand!« verlangte Pjotr. »Ich werde Schuiskis Pläne durchkreuzen. Mit hundert Kosaken verjag ich ihn aus Moskau.«

»Das würde nicht viel nützen«, sagte Dimitri. »Er hat Dokumente in der Hand, mit denen er mir das Volk nehmen kann.«

»Was für Dokumente?« fragte Basmanow bestürzt.

»Er hat Briefe, mit denen er belegen kann, daß ich in Polen zum römischen Glauben übertrat.«

»O Gott!« sagte Basmanow. »Das werden die Russen dir nie verzeihen.«

»Ich würde es heute nicht mehr tun«, sagte Dimitri. »Aber was hilft das! Es ist so einfach, für gestern klug zu sein. Willst du nicht lieber gehen?«

»Nein«, sagte Basmanow.

14

Der Mann auf dem schwarzen Pferd

Bei Einbruch der Dunkelheit versammelten sich die Verschwörer im Stadthaus des Fürsten Worotynski: Schuiski, Kurakin, Golitzin und Tatischteschew sowie die Djaken Wojejkow und Wolujew, die sich erboten hatten, auf Dimitri zu schießen. Schuiski war seiner Sache sicher. »Alles ist bedacht«, erklärte er. »Um zwei Uhr nachts, zur Zeit der größten Stille, werden sich auf dem Roten Platz zweihundert Männer versammeln, die Waffen unter den Röcken versteckt. Diese Männer werden aus Gefängnissen geholt. Sie sind mir unbedingt ergeben und zu allem bereit. Wir werden auf den Roten Platz reiten, sobald ein Schuß abgefeuert wird. Auf dieses Zeichen hin wird in Kitaigorod Sturm geläutet. Das Volk wird auf die Straßen laufen und zu uns stoßen.«

»Warum das Volk aufwecken!« fragte Tatischtschew.

»Weil wir es brauchen«, sagte Schuiski. »Es muß beteiligt werden, damit wir später sagen können: Das Volk war dabei.«

»Ich fürchte, das Volk ist nicht auf unserer Seite«, wandte Kurakin ein.

»Das Volk wird mit uns den Kreml stürmen«, versicherte Schuiski. »Der Wind treibt das Meer, ein Gerücht das Volk. Wenn das Volk, vom Sturmgeläut erschreckt, auf die Straßen und Plätze kommen wird, werden zuverlässige Leute schreien: Die Polen wollen den Zaren töten. Rettet Dimitri! Auf in den Kreml!«

»Und das Volk wird das glauben?« zweifelte Kurakin.

»Das Volk glaubt alles«, sagte Schuiski zynisch, »wenn es ihm in der rechten Stunde gesagt wird, in der richtigen Form.«

»Du übertriffst dich selbst!« sagte Golitzin bewundernd.

Schuiski lächelte. Dann sagte er in verächtlichem Ton: »Dieser junge Mensch, der mir alles verdankt, hat mir beinah meine Pläne durchkreuzt. Wer konnte voraussehen, daß er soviel Eigensinn entwickeln könnte! Es wird Zeit, mit ihm Schluß zu machen. Er ist unempfänglich für meine Winke. Nicht einmal die Lehre, die ich ihm bei Dobrynitschi gab, hat bei ihm etwas genützt. Er will nicht begreifen, daß er von mir abhängig ist, von uns allen, die wir das wahre Rußland vertreten. Da er sich nicht fügen will, müssen wir ihn zu Fall bringen.«

Der Nachthimmel über Moskau war verhangen. Auf allen Straßen und Plätzen lag schweres Dunkel. Gegen halb drei Uhr wurde die Stille durch einen Schuß zerrissen. Gleich darauf begannen Glocken zu läuten. Als die Menschen erschreckt aus den Häusern kamen, wurde überall gerufen: »Die Polen wollen Dimitri töten! Rettet Dimitri!« Die Leute liefen zum Roten Platz. Dort waren schon die zweihundert Bewaffneten versammelt. Die Bojaren und Djaken ritten auf den Platz, Schuiski vor den andern.

Er saß auf einem schwarzen Pferd und hielt in der rechten Hand ein Kreuz. Er reckte es wie einen Säbel über seinen Kopf. »Folgt mir in den Kreml«, rief er gellend. »Es lebe Rußland! Nieder mit den Polen!«

»Es lebe Rußland! Nieder mit den Polen!« antworteten die Tausende auf dem Platz.

»Macht alle nieder, die Widerstand leisten!« schrie Schuiski.

»Nieder mit allen Verrätern!« schrien die vielen.

Der Zug staute sich vor dem Erlösertor. Der Andrang war so stark, daß manche niedergetrampelt wurden. Alle wollten zugleich in den Kreml. Hinter dem Tor ging der ungeheure Stoß ins Leere. Nirgendwo zeigte sich Widerstand.

Die aufgebrachte Menge drang in die Paläste ein. Polen, die erschrocken fragten, was geschehen sei, wurden auf der Stelle getötet, auch Deutsche, Franzosen, Italiener. Wer nicht russisch antwortete, wurde erschlagen. Die Rasenden zerbrachen Fenster und Türen. Sie stießen Leuchter um, Teppiche und Vorhänge gerieten in Brand, Möbel wurden aus den Fenstern geworfen. Die Kremlplätze widerhallten von gräßlichem Geschrei. Die Bojaren und die Djaken waren in Dimitris Palast eingedrungen – hinter einer Rotte mit Säbeln und Gewehren. Sie fanden die Türen unbesetzt. Die Gänge waren gespenstisch leer. Eine unheimliche Stille starrte ihnen entgegen. Sie rückten Schritt um Schritt vor und konnten nicht fassen, daß kein Schuß fiel, nicht einmal ein Wort.

Sie stießen die Tür zu Dimitris Arbeitsraum auf. Dimitri stand am Tisch, neben ihm Basmanow.

»Kommt nur, ihr Mörder!« sagte Pjotr. Er ging auf die Verschwörer zu, den Degen in der Hand. Ehe er zustoßen konnte, wurde er niedergeschossen.

»Nun bist du an der Reihe, du falscher Zar«, sagte Schuiski zu Dimitri.

Dimitri schob seine rechte Hand in den Rock.

»Er greift nach einer Waffe«, schrie Schuiski. »Schießt!« Wojejkow und Wolujew schossen. Dimitri brach neben dem Tisch zusammen. Schuiski warf das Kreuz weg, mit dem er in den Kreml eingedrungen war, trat zum Toten, drehte ihn um und öffnete mit heftigen Griffen den Rock. Auf dem Hemd hatte sich ein roter Flecken ausgebreitet. Auf ihm lag das kleine goldene Taufkreuz, von Dimitris rechter Hand umklammert. Schuiski zerrte das Kreuz aus der Hand und streifte die Kette über Dimitris Kopf, ohne ihn vom Boden abzuheben. Triumphierend hielt er das Kreuz den andern hin. Alle starrten auf den Stein, der in der Mitte glühte. Dann trat Schuiski an ein Fenster und stieß es auf. Schreie drangen herein. In Moskau ging das Morden weiter, bis der Morgen kam und die Sterne erschlug.

15

Der Prozeß gegen Dimitri

Marina und Mnischek überlebten die Mordnacht, auch die anderen Pane. Durch Dimitris Briefe gewarnt, hatten sie Moskau rechtzeitig verlassen. Schuiski gab Befehl, ihre Flucht nicht zu behindern. Alle anderen ›Anhänger des Betrügers aus Polen‹ ließ er verfolgen. Er hatte Listen angelegt mit den Namen derer, die das Schicksal Dimitris teilen sollten, ›da auch sie am Ärgernis, das dieser Mensch gab, ihren Anteil hatten‹. Gegen Dimitri wurde ein Prozeß vorbereitet, um seine ›Verbrechen‹ nachträglich anzuprangern. Die beiden Toten wurden zum Richtplatz geschleift und auf dem Roten Sockel zur Schau gestellt, drei Tage lang.

Am dritten Tag erschien Schuiski vor dem Volk, ›um es vom Wahn zu befreien, der Betrüger aus Polen sei ein Zarensohn gewesen‹. Schuiski trat als Zar auf. Einen Tag nach dem Anschlag hatte er die Duma zusammengerufen, und die Eingeschüchterten, Bojaren wie Bürger, hatten ihn zum neuen Zaren gewählt.

Fürst Golitzin erklärte auf dem Roten Platz, die Duma habe sich für Wassili Schuiski entschieden, da kein anderer so wie er geeignet sei, der Zeit der Wirren ein Ende zu bereiten. »Er, der letzte Enkel Ruriks, der unserem Lande die erste Ordnung gab.«

Dann sprach Schuiski: »Ihr Russen, seit den Zeiten der Goldenen Horde hattet ihr nicht so Schlimmes zu erdulden wie seit dem Tag, an dem der Tatarenabkömmling Godunow sich zu eurem Herrn machte. Er hat den Himmel herausgefordert, und der Himmel hat Rußland mit Hunger gestraft, mit Prüfungen aller Art, zuletzt mit einem frechen Betrüger, der sich für den Zarensohn Dimitri ausgab. Ich, euer Zar, gebe euch mein Wort: Der Zarensohn Dimitri starb als unschuldiges Kind, von Mördern umgebracht, die Boris Godunow nach Uglitsch schickte. Daß aber dieser Mensch, der gerichtet vor euren Augen liegt, nicht Dimitri war, sondern Grischa Otrepjew, der Kremlschreiber, werden jene bezeugen, die von seinem Blut sind, seine Anverwandten, die Familie Otrepjew.«

Schuiski wandte sich an eine Schar von etwa vierzig Männern und Frauen, die neben dem Roten Sockel standen. Er forderte sie auf: »Tretet vor und sagt, einer nach dem andern: Dieser ist Grischa Otrepjew gewesen, so wahr ich selbst ein Otrepjew bin.«

Als erster trat Smirny-Otrepjew vor, der mit der Gesandtschaft Godunows in Moskau gewesen war, und sagte: »Dieser ist Grischa Otrepjew gewesen, so wahr ich selbst ein Otrepjew bin.«

Darauf trat einer nach dem andern vor und sagte den Satz. Keiner sah dabei den Toten an. Als einer zögerte zu sprechen, trat hinter ihn ein Mann und flüsterte ihm zu: »Falls du morgen noch am Leben sein willst, dann sage den Satz!« Der Mann sprach die Formel.

Nun bestieg der Djak Wolujew den Sockel, einer der Mörder, und gab mit lauter Stimme die Verbrechen bekannt, deren Dimitri angeklagt wurde. Die Anklage hatte folgenden Wortlaut:

Erstens: Dieser Mensch hat einen Namen gestohlen.

Zweitens: Dieser Mensch hat andere bezaubert und verführt.

Drittens: Dieser Mensch hat Rußland mit Krieg überzogen.

Viertens: Dieser Mensch hat seinem Glauben abgeschworen.

Fünftens: Dieser Mensch hat Metropoliten und Bojaren verhöhnt.

Sechstens: Dieser Mensch hat alle Ordnung umgestoßen.

Siebentens: Dieser Mensch hat russisches Land verschachert.

Achtens: Dieser Mensch hat Kremlschätze verschleudert.

Neuntens: Dieser Mensch hat Kosaken über Fürsten gestellt.

Zehntens: Dieser Mensch hat ein Kreuz mit seinem Blut beschmutzt.

Basmanow, der neben Dimitri lag, wurde mit keinem Wort erwähnt. Das Volk hörte mit gesenkten Köpfen zu. Niemand wagte etwas zu sagen, niemand wagte zu gehen. Die Furcht hielt allen die Lippen verschlossen und hielt sie auf der Stelle fest, auf der sie standen. Erst als Schuiski und sein Begleiter den Platz verlassen hatten, schlichen sich die vielen Menschen weg, jeder in sein Haus.

Am Tag darauf wurden die beiden Toten auf Schlitten vor das Serpuchow-Tor gezogen. Dort war ein wüster Platz, Kotly genannt. Auf ihm wurden die beiden Leichen verscharrt. In den folgenden Nächten kamen schwere Fröste. Der Boden über den Gräbern riß auf. Tag um Tag zogen Moskauer zu der Stelle, um mit eigenen Augen diese Risse zu sehen, die als Zeichen betrachtet wurden. Schuiski hörte davon. Erst machte er sich lustig über das Volk. »Es ist dumm wie Wasser und läuft überall hin«, sagte er. Doch am neunten Juni gab er Befehl, die Leiche Dimitris auszugraben und zu verbrennen, die Asche in eine Kanone zu stopfen und in die Richtung zu schießen, aus der Dimitri gekommen war.

Für Rußland ordnete Schuiski eine Zeit der Buße an. Marfa mußte öffentlich ihrem Bekenntnis zu Dimitri abschwören und das russische Volk um Verzeihung bitten. Der Patriarch Hiob, von Schuiski nach Moskau zurückgeholt, löste Marfa von ihrer Schuld ›um ihres wahren Sohnes willen, der unschuldig den Tod erlitten hat‹. Schuiski ließ das Grab des ermordeten Kindes öffnen. Der Leichnam, an dem keine Spur von Verwesung war, wurde nach Moskau gebracht.

»Fünfzehn Jahre hat dies Kind in der Erde gelegen«, verkündete der Patriarch in der Krönungs-Kathedrale, »und es blieb auf wunderbare Weise unversehrt – in einer Wolke von Wohlgerüchen. Schon ist ein Blinder durch Berührung mit diesem

Kinde sehend geworden. Rußland hat einen neuen Heiligen: den unschuldig getöteten Zarensohn Dimitri.« Der Patriarch breitete seine Arme aus. »O Volk der Russen!« rief er, »du bist auf den rechten Weg zurückkehrt. Die alte Ordnung ist wiederhergestellt. Der Himmel ist zusrieden.«

Im Volk aber kamen Zweifel auf. »Wer wird das Kind sein, das so rasch von Uglitsch nach Moskau gebracht wurde? Warum wird es uns nicht gezeigt, damit wir an ihm die Kennzeichen sehen?« Überall wurde davon geredet, daß Marfa zum dritten Mal ihr Kind verleugnet habe.

Niemand wagte es offen auszusprechen. Aber viele gingen heimlich auf den wüsten Platz Kotly vor dem Serpuchow-Tor, wo Dimitri in der Erde gelegen hatte.

Dort hatte ein älterer Mann sich eine Hütte in der Art gebaut, wie Kosaken sich Behausungen errichten. Denen, die kamen, sagte der Mann in gebrochenem Russisch: »Er ist nicht mehr hier. Sie haben ihn aus der Erde geholt und seine Asche über Rußland ausgestreut. Nun ist er überall. Das sage ich euch, der Bauer Dygat. Ich habe Dimitri als Kind gesehen, als ich in Uglitsch war. In Polen habe ich ihn wiedererkannt, nach siebzehn Jahren. Ich bin mit ihm nach Moskau gezogen. Er war ein guter Zar. Er hat keinem ein Unrecht angetan. Er hat keine Unterschiede zwischen den Menschen gemacht. Ihm war es nicht wichtig, ob einer hochgeboren oder ein Kosak war, ob ein Russe oder Pole, ob arm oder reich. Vor diesem Zaren hat keiner gezittert. Er war ein Zar ohne Schrecken. Deshalb werden alle, die ihn gekannt haben, hoffen, daß wieder so einer kommt.«

Eines Morgens war der Bauer Dygat verschwunden, auch seine Hütte. Aber nun wurde von anderen weitererzählt, was ihnen der alte Mann gesagt hatte.

Daten und Angaben zur Geschichte

860 Slawen, die seit dem 7. Jahrhundert in das Gebiet zwischen dem Schwarzen Meer und der Ostsee eingerückt sind, rufen die Waräger ins Land. (Da sagten sie zueinander: »Suchen wir uns einen Fürsten, der über uns herrsche und gerecht richte!« – Nestorchronik, 1113.) Der Waräger Rurik setzt sich in Nowgorod fest. Seine Nachfolger erweitern ihren Machtbereich bis Kiew. Zu dieser Zeit sitzen am Schwarzen Meer Byzantiner, Petschenegen und Kumanen, in Mittelrußland Mongolen. Die Krim ist zwischen 900 und 1000 ein Wikingerstaat. Mit dem Kaiser von Konstantinopel schließen die Rurik-Enkel Verträge.

988 Wladimir aus dem Hause Rurik, ein ruchloser, blutgieriger, verschlagener Fürst, ›der die alten Götter mit Menschenopfern sättigte, Waräger an die Griechen verriet und seine Brüder umbrachte‹, nimmt die Kaisertochter Anna zur Frau, läßt sich taufen, den Heidengott Petrun an den Schweif eines Pferdes binden, peitschen und verbrennen. Alle Einwohner Kiews müssen an einem Tag in den Dnjepr steigen und werden so getauft. Die Russen übernehmen das Christentum byzantinischer Prägung.

1237 Der Mongolensturm verheert Rußland und vernichtet die Fürstentümer der Rurik-Enkel. Die Goldene Horde herrscht 250 Jahre lang mit allen erdenklichen Schrecken über die Russen.

1338 Großfürst Iwan, der den Beinamen Kalita (›Geldsack‹) bekommt, weil er als Tributeintreiber der Mongolen-Khane viel in seiner eigenen Tasche verschwinden läßt, macht Moskau zur Hauptstadt und baut um den Kreml und um Kitaigorod eine steinerne Mauer.

1350 Kosakensiedlungen entstehen in der Ukraine, der Grenzmark, die dem Zugriff der Mongolen preisgegeben ist.

1380 Dimitri Donskoj schlägt die Tataren bei Kulikowo.

1450 Unter dem Großfürsten Wassili wird Moskau zum führenden russischen Großfürstentum.

1480 Iwan III. zerbricht das Mongolenreich. Er heiratet Sophia, die Nichte des letzten byzantinischen Kaisers, nimmt den Doppeladler, ›der nach allen Seiten Ausschau hält‹, ins russische Wappen und erhebt Moskau zum Dritten Rom. Nowgorod, Perm, Rjasan und Twer werden dem Moskauer Großfürstentum angegliedert. Iwan wendet alle Formen des Terrors an, um sich an der Macht zu halten und sie zu vergrößern.

1505 Iwans Sohn Wassili wird Großfürst. Er herrscht in gleicher Weise wie Iwan III. bis zu seinem Tode 1533.

1530 Am 25. August wird Iwan, der später zum »Schrecklichen« (»Dräuenden«) wird, während eines furchtbaren Gewitters im Kreml geboren. Seine Mutter ist fünf Jahre lang Regentin. Dann wird sie beseitigt, und neun Jahre lang sind verschiedene Bojaren, die dem Kinde Iwan das Leben zur Hölle machen, an der Macht.

1543 In den Weihnachtstagen läßt Iwan den Fürsten Andrej Schuiski von seinen Wachen auf dem großen Kremlplatz töten. Die Bojaren ducken sich.

1547 Mit siebzehn Jahren nimmt Iwan Anastasia Romanowna zur Frau, besteigt den Thron und krönt sich selbst zum ersten Zaren von Rußland.

1552 Iwans Truppen erobern Kasan.

1553 Iwan erkrankt schwer. Die meisten Bojaren fallen von ihm ab.

1554 Iwans Truppen erobern Astrachan.

1560 Anastasia stirbt. Iwan heiratet die Tscherkessin Marja Temgojuk. Er verfolgt die Bojaren mit zunehmender Grausamkeit.

1564 Fürst Kurbski und andere Heerführer wenden sich von ihm ab. Iwan verläßt Moskau über Nacht, macht Alexandrowskaja Sloboda, ein Jagdschloß in den Wäldern im Norden von Moskau, zu seiner Residenz, teilt Rußland, nimmt für sich einen breiten Streifen von Moskau bis an die Ostsee und läßt den ›Rest des Reiches‹ von sechstausend blind ergebenen Männern (der Opritschina) tyrannisieren. Er selbst beteiligt sich an den Schreckenstaten dieser Henker. Ganze Städte werden ausgerottet, Tausende auf dem Roten Platz umgebracht. Das grauenvolle Wüten hält bis 1570 an.

1571 Die Tataren erscheinen vor Moskau, Iwan flieht.

1581 Der Zar erschlägt seinen begabten Sohn Iwan, den Thronfolger, in einem Wutanfall.

1582 Die Russen rücken in Sibirien ein. Der Ataman Kolzo bringt dem Zaren Grüße von Jermak, der den Vorstoß führt.

1583 Am 19. Oktober wird der Zarensohn Dimitri von Iwans fünfter Frau Marja im Kreml geboren.

1584 Am 19. März stirbt Iwan der Schreckliche und wird als ›Mönch Jonas‹ beigesetzt. Sein Sohn Fjodor, der alle Regierungsgeschäfte verabscheut, wird Zar. An seiner Stelle regiert ein fünfköpfiger Reichsrat. Im Herbst werden auf Betreiben Boris Godunows, der zu diesem Rat gehört, Dimitri, seine Mutter und die Fürsten Grigor und Michail Nagoj nach Uglitsch verbannt.

1587 Boris Godunow, Bruder der Zarin Irina, wird Regent, mit allen Vollmachten ausgestattet. Er regiert zunächst gut, wird aber mehr und mehr zum Tyrannen.

1591 Am 15. Mai wird im Schloßhof von Uglitsch ein Anschlag auf Dimitri verübt. Der Bojar Wassili Schuiski wird mit zwei anderen Bojaren, die Godunow ergeben sind, als Untersuchungsrichter eingesetzt. Zweihundert Bürger von Uglitsch werden hingerichtet, der Rest nach Sibirien verbannt samt der Glocke, die nach dem Anschlag Sturm geläutet hatte. Schuiski verkündet auf dem Roten Platz von

Moskau, Dimitri sei unglücklich in ein Messer gestürzt und habe dabei den Tod gefunden. Das Volk glaubt an Mord durch den beauftragten Djaken Bitjagowski. In Moskau bricht ein großer Brand aus. Bald darauf belagern Tataren die Stadt. Boris Godunow erscheint als Helfer und Retter.

1598 Zar Fjodor stirbt am 6. Januar. Am 17. Februar wird Boris Godunow zum Zaren gewählt.

1601 Über Rußland bricht eine entsetzliche Hungersnot herein, die auch 1602 anhält. Das Land ist in Aufruhr. Gerüchte gehen um: Dimitri lebt in Polen.

1603 Der aufgetauchte Dimitri ist Gast verschiedener polnischer Pane, vor allem Mnischeks, des Woiwoden von Sandomir. Er kann Beweise für seine Echtheit vorlegen. Zeugen treten für ihn auf, auch Polen, die in Uglitsch gewesen sind.

1604 Am 15. März wird Dimitri von König Sigismund empfangen, am 19. März vom Grafen Rangoni, dem päpstlichen Legaten. Dimitri tritt heimlich zur Katholischen Kirche über und schreibt an den Papst. Am 12. Juni schließt er mit Pan Mnischek einen Vertrag: Der Pan verspricht ihm die Hand seiner Tochter Marina ›für den Fall, daß es Gott gefallen sollte, Dimitri auf den Thron seiner Väter zu führen‹; Dimitri verpflichtet sich, bedeutende russische Gebiete an Marina und Mnischek zu übereignen und eine Million Goldrubel zu zahlen.

Im Oktober zieht Dimitri mit einem kleinen Heer aus Kosaken und Polen nach Kiew. Am 31. Oktober überschreitet er die Grenze Rußlands. Die Städte öffnen ihre Tore – bis auf Nowgorod-Sewersk, das von Pjotr Basmanow verteidigt wird. Dimitris Heer wächst auf 15 000 Mann.

1605 Ende Januar wird Dimitris Heer von einem zahlenmäßig überlegenen Zarenheer bei Dobrynitschi vernichtend geschlagen. Die Pane verlassen Dimitri. Die Kosaken bleiben bei ihm. Den Oberbefehl über das Zarenheer hat Wassili Schuiski. Er greift Dimitri, der sich in der verzweifelten Lage großartig hält, nicht an, sondern belagert die von Kosaken besetzte armselige Festung Kromy. Er knüpft mit dem Ataman Andrej Korella geheime Verhandlungen an, da er den Sturz des allgemein verhaßten Zaren Godunow betreibt. Am 13. April stirbt Godunow während einer Audienz. Sein Sohn Fjodor wird zum Zaren ausgerufen, Godunows Witwe zur Mitregentin. Die Anhängerschaft schmilzt zusammen. Anfang Mai geht Pjotr Basmanow zu Dimitri über. Damit ist der Feldzug entschieden. Am 1. Juni läßt Dimitri in Moskau eine Botschaft verlesen, in der er verspricht, keine Rache zu üben. Auf Betreiben der Bojaren werden, während Dimitri im Anmarsch ist, Godunows Witwe und Sohn erwürgt. Am 20. Juni zieht Dimitri in Moskau ein, umjubelt vom Volk. Am 18. Juli empfängt er Marfa, die seit dem Anschlag von Uglitsch in einem elenden Kloster weit von Moskau gelebt hat. Sie bekennt sich zu ihm als ihrem Sohn. Auch Schuiski erklärt, Dimitri sei der echte Zarensohn. Am 31. Juli wird Dimitri zum Zaren gekrönt. Er führt bahnbrechende Neuerungen ein, durch die er den Argwohn und erbitterten Widerstand der Bojaren und geistlichen Würdenträger hervorruft.

1606 Am 2. Mai kommt Marina mit einem Gefolge von 3000 Polen nach Moskau. Acht Tage später findet die prunkvoll gefeierte Hochzeit statt. Es kommt zu schweren Auseinandersetzungen zwischen Russen und Polen und zu einer Verschwörung der Bojaren gegen Dimitri. Am 17. Mai wird Dimitri im Kreml ermordet. Zwei Tage später läßt sich Schuiski zum Zaren wählen. Am 9. Juni wird die Asche des ›falschen Dimitri‹ aus einer Kanone verschossen. Schuiski erklärt: Der echte Zarensohn Dimitri wurde in Uglitsch auf Befehl Boris Godunows ermordet.
Sehr bald zieht ein neuer Dimitri mit einem Heer gegen

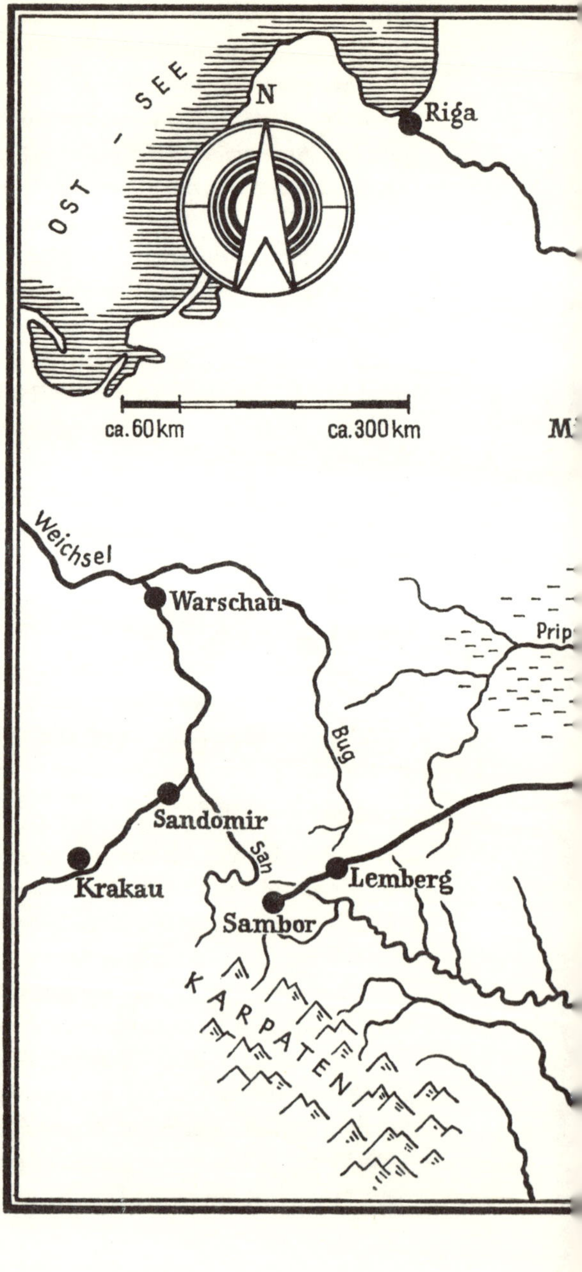
OST – SEE
N
Riga
ca. 60 km
ca. 300 km
Weichsel
Warschau
Prip
Bug
Sandomir
San
Krakau
Lemberg
Sambor
KARPATEN

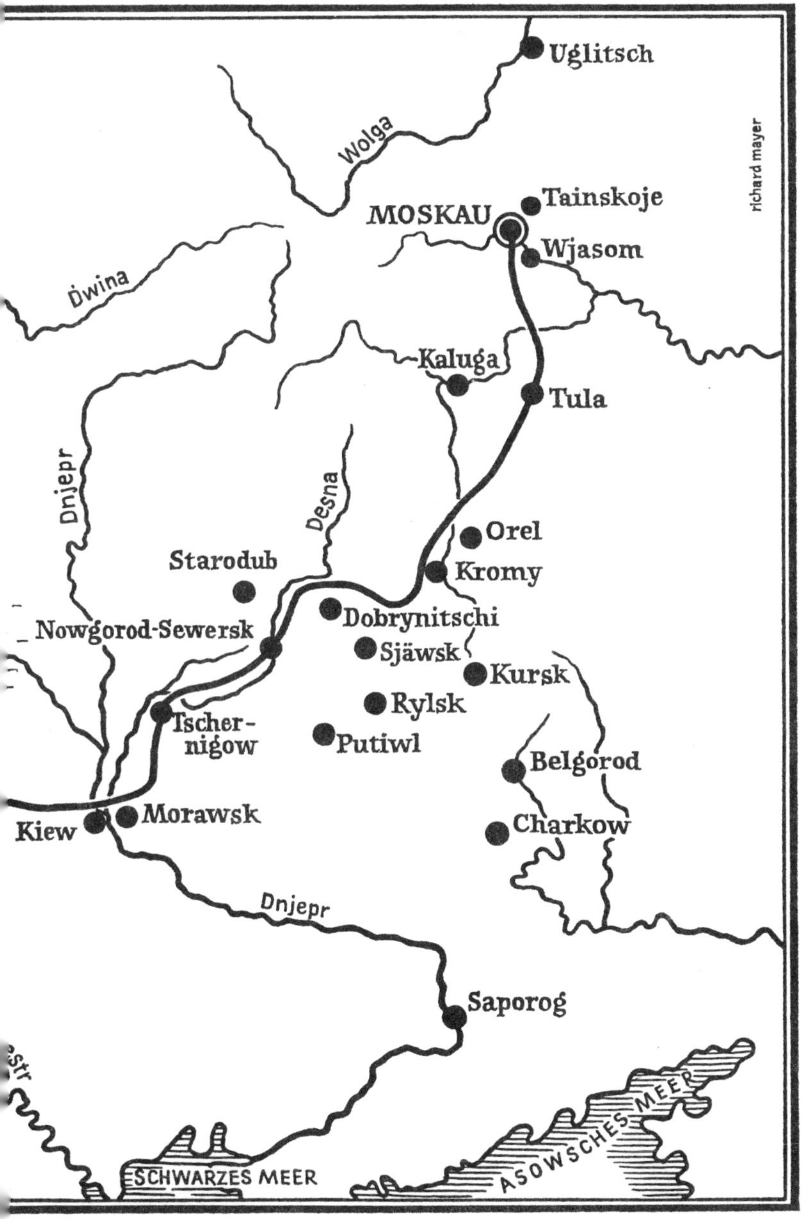
Uglitsch
Wolga
richard mayer
Tainskoje
MOSKAU
Wjasom
Dwina
Kaluga
Tula
Dnjepr
Desna
Orel
Starodub
Kromy
Dobrynitschi
Nowgorod-Sewersk
Sjäwsk
Kursk
Rylsk
Tscher-
nigow
Putiwl
Belgorod
Morawsk
Kiew
Charkow
Dnjepr
Saporog
SCHWARZES MEER
ASOWSCHES MEER

Moskau. Er schlägt sein Lager in Tuschino auf. Marina geht zu ihm über und erklärt, er sei der echte Dimitri, ›mit dem sie rechtmäßig vermählt sei‹. Eine Reihe weiterer Thronanwärter, die alle behaupten, der wahre Zarensohn Dimitri zu sein, treten auf und finden Anhang. Schuiski wird der Schwierigkeiten nicht Herr und muß 1610 abdanken. Er stirbt später in polnischer Gefangenschaft.

Dimitris Schicksal hat viele Roman- und Stückeschreiber zu Gestaltungen angeregt. Bereits 1606, noch vor Dimitris Ermordung schrieb Lope de Vega ein Demetrius-Drama. Für Lope war Dimitri ein echter Zarensohn. 1689 folgte eine französische Demetrius-Tragödie von Aubry des Carrières. 1710 vollendete Johann Mattheson in Hamburg seine Oper ›Boris Godunow‹. 1782 schrieben Sumarokow und Kotzebue ihre Dimitri-Dramen. Für den Russen war Dimitri ein Betrüger, für den Deutschen ein Sohn Iwans. Schillers Demetrius-Fragment entstand 1805, zwanzig Jahre später das Drama Puschkins, das Mussorgski zum Vorwurf für seine Oper ›Boris Godunow‹ nahm. Bis in die jüngste Zeit sind Dimitri-Romane und Dimitri-Stücke erschienen und aufgeführt worden. Die verschiedenen Deutungen weichen weit voneinander ab. In der Geschichtsschreibung erscheint diese Gestalt in wechselndem Licht. Dimitri wird von manchen als Betrüger abgetan, als Werkzeug verächtlich gemacht, als ehrgeiziger Mensch, der Rußland nichts als Unglück gebracht habe, verurteilt. Die bedeutendsten Historiker schildern ihn anders. Hier drei Beispiele:

Th. H. Pantenius (1908): Der neue Zar war von ganz anderer Art als alle seine Vorgänger, ein ritterlicher junger Mann von feurigem Temperament und ganz erfüllt von abendländischen Ideen in polnischer Färbung. Unschön von Antlitz, wirkte er doch vornehm. Er war körperlich sehr stark, voll Ungestüm und Wagemut. Er tummelte gern unbändige Rosse, und die Bojaren hielten ihn nur mit Mühe davon ab, Bären mit einem Spieß zu bekämpfen. Er beherrschte die russische und die polnische Sprache und war sehr bildungsfreundlich. Tief davon durchdrungen, daß seine Russen in einem barbarischen Zustand lebten, hielt er sich dazu berufen, sie so schnell wie möglich ihm zu entreißen. Er sprengte die steife Etikette des Hofes, verspottete die träge Lebensweise der Bojaren, aß vor aller Welt Kalbfleisch, was nach russischer Anschauung ein todeswürdiges Verbrechen war. Er liebte Glanz und Pracht und erbaute sich einen Palast, dessen Hallen er mit einem in Moskau unerhörten Leben füllte. Er verabscheute die rohe Trunksucht seiner Untertanen, tafelte aber gern mit ihnen. Religiös scheint er ganz indifferent gewesen zu sein. Er erscheint in jeder Hinsicht als ein Vorläufer Peters des Großen. Als Prätendent hatte Demetrius eine bewundernswerte Selbstbeherrschung und Standhaftigkeit an den Tag gelegt. Nun aber, da er, wie er glaubte, den Thron seiner Väter einnahm, ließ er seinem Temperament die Zügel schießen. Demetrius ernannte den Griechen Ignatius zum Patriarchen und rief alle Nagoj, Romanow und sonst ihm Verwandte aus der Verbannung zurück. Die Zaren-Witwe, die ihn als Sohn anerkannte. fand im Frauenkloster im Kreml eine fürstliche Hofhaltung und wurde von Demetrius täglich besucht. Demetrius erweiterte nach polnischem Vorbild die Duma zu einem aus siebzig Personen bestehenden Senat und ließ in ihm seiner Beredsamkeit oft freien Lauf. Er öffnete das Land den Fremden und gestattete auch seinen Untertanen, in fremde Länder zu reisen. Er begünstigte ferner den Handel und erließ auch sonst verständige Gesetze. So wurde er beim Volk schnell beliebt.

K. Stählin (1923): Eine sympathische, glänzende Persönlichkeit voll Ehrgefühl, ein Mensch mit genialen Zügen, ohne Argwohn und intrigante Berechnung, verschwenderisch, unternehmend, tolerant und frei.

W. Kljutschewski (1921): Eine bisher nicht dagewesene Erscheinung, ein junger Mann mit rötlichen Haaren, ohne Ziererei und reich begabt. In der Duma entschied er spielend alle Fragen. Er besaß feuriges Temperament, das in Augenblicken der Gefahr zur Tollkühnheit aufloderte. Er redete meisterhaft und wußte viel. Die pomphafte Lebensführung der alten Moskowiterherrscher warf er um und änderte von Grund auf ihr drückendes Verhältnis zu den Mitmenschen. Er brach mit geheiligten Bräuchen, behandelte alle Welt einfach und urban, zeigte sich als rühriger Regent, vermied jede Grausamkeit, ging auf alles ein, war jeden Tag in der Duma anwesend und war bald sehr beliebt. Das Verfahren gegen Wassili Schuiski, der das Gerücht, er sei ein Betrüger, verbreitet hatte, also seine persönliche Angelegenheit, übergab er dem Gericht des ganzen Volkes und berief zu diesem Zwecke einen Sobor, den ersten, der sich dem Typ einer wirklichen Volksvertretung näherte, mit Abgeordneten aller Stände. Das Todesurteil, das von diesem Gericht gefällt wurde, verwandelte er in Verbannung, die er alsbald aufhob.

Auf dem Vorsatz ist eine Rußlandkarte von 1614, also etwa aus der Zeit Dimitris, wiedergegeben.

Inhaltsverzeichnis

Inge Ott

Der Cid

Das Leben und die Heldentaten des berühmten spanischen Ritters Rodrigo Diaz von Vivar, 2. Auflage, 240 Seiten, gebunden (ab 13 Jahren)

«El Cid» – das ist der sagenumwobene Nationalheld des erwachenden Spaniens, leidenschaftlich verwickelt in die Kämpfe des sich bildenden spanischen Königreiches.

Inge Ott

Geier über dem Montségur

Der heldenhafte Kampf einer Schar auserlesener Ritter gegen König und Papst. 189 Seiten, gebunden (ab 13 Jahren).

«Dieses Buch schildert den tapferen, trotz aller Aussichtslosigkeit doch zuversichtlichen Kampf der Ritter auf der Burg des Montségur gegen das zahlenmäßig weit überlegene Heer des französischen Königs und der vom Papst aufgebotenen Kreuzritter. Es ist das schönste Jugendbuch, das wir seit langem gelesen haben.» *Gegenwart*

Cynthia Harnett

Eine Ladung «Einhorn» verschwindet

Die abenteuerliche Geschichte von Londons erstem Drucker. Aus dem Englischen von Lena Lademann-Wildhagen. 256 Seiten, mit Zeichnungen, gebunden (ab 12 Jahren).

Im 15. Jahrhundert führen Kaufleute zum ersten Mal Papier in großen Mengen nach London ein. Bendy, der als Lehrling bei Caxton, der den Buchdruck nach England einführte, arbeitet, ahnt nicht, daß seine Halbbrüder etwas mit dem Verschwinden von Caxtons Papier zu tun haben...

Cynthia Harnett

Nicolas und die Wollschmuggler

Eine abenteuerliche Geschichte aus der Zeit der großen Kaufherrn. Aus dem Englischen von Sabine Gabert. 200 Seiten, mit Zeichnungen (ab 12 Jahren).

Nicolas lebt Ende des 15. Jahrhunderts in Südengland. Sein Vater ist ein wohlhabender Wollhändler. Nicolas deckt dunkle Machenschaften auf, die seinen Vater zu ruinieren drohen.

A. Kremelena-gorod, Aula Imperatoris
B. Kitay-gorod Urbs media
D. Skorodom, urbs exterior
C. Tzar-gorod Urbs Cæsarea
E. Streletska sloboda, vel Vicus militaris.
a. Curia
b. Patriarcheiom
c. Templum D. Michaelis Imperat. sepultura
d. Podium Ecclesiasticorum in supplicationibus et proclamationibus Imperatoris destinatum
e. Tabernæ mercatoriæ
f. Tribunalia urbana
g. Fusorium ærumentorum
h. Forum equarium
i. Balneæ publicæ
k. Forum lignarium
l. Viridarium Imperatoris
m. Equile
Moscua fluvius
MOSCVA
ad Architypum Foedori Borisowitsi
Occidens
CATANIA
CAREELIA
Kimi Lappmarck
CARGAPOLIA
Album mare
SWEDEN.
Finlandt
NOORDZEE
DANIA
Nileus
Calmar
Cristanobel
Coppenhag
Oelant
Gotlant
MARE BALTICVM
Bornholm
Einden
Hamburg
Lubec
Bremen
Ladoga
LIEFLANT.
Riga
Narva
Pleskow
Welicki Novogorod
Porchow
Smolensko
Witepsk
Thomas Makovius, in sua Lithuaniæ Tabula, Kiow sub latitud. 50 gr. 10 min. Czirkasi ad 49 gr. posuit: et Oczakow 67 miliaribus versus Meridiem a Czyrcasi distantem. Tabula vero quæ mihi, in hac delineanda typus fuit novam urbem Borissagroda, Asow, nec non Astracan in latitud. 48 grad. collocavit: cum vero et unus et alter, partes Septentrionalis nimium versus Boream collocarit, itaq, in locis quoq, ad Meridiem vergentibus ijs fidem adhibere ausus non fui, motus præcipue veterum authoritate in eorum Constantinopolis collocatione. Partes tamen Meridionales, paululum declinando inferius me delineare potuisse autumo, propterea quod Angli, Astracan in latitud. 46. grud. 10. min. se invenisse scribant:
PRVSSIA.
LITTAW.
MOSCOVIA
SEVERA.
POLONIA.
Warsaw
Cracow
Lublin
Kiow
WOLLYNIA.
PODOLIA.
CRIMEA, SEV
MOLDAVIA.
WALACHIA.
BVLGARIA.
ROMANIA.
PALVS MEOTIS
PONTVS EVXINVS qua ZORNO
ARCHIPELAGO
NATOLIA.
Amstelodami
Excusum Apud Guils
TABVLA
RVSSIÆ
ex autographo quod delineandum curavit Foedor filius Tzaris Boris desumta; et ad fluvios Dwinam, Zuchanam, aliaque loca, quantum ex tabulis et notitiis ad nos delatis fieri potuit, amplificata: ac
Magno Domino, Tzari et Magno Duci Michäeli Foedrowits omnium Rußorum, Autocratori Wolodimeriæ, Moscoviæ et Novogardiæ. Tzari Cazaniæ, Tzari Astracaniæ, Tzari Sibieriæ, Domino Plescoviæ Magno Duci Smolenscoviæ, Otweriæ, Iugoriæ, Permiæ, Wiatkiæ, Bulgariæ etc: Iterum Domino et Magno Duci Novogardiæ Inferioris etc: Domino regionum Iveriæ Kartaliniæ et Groesiniæ Tzari etc:
dedicata ab
Hesselo Gerardo
M.DC.XIIII